MINECRAFT

TRUCOS

D0469963

LA GUÍA NO OFICIAL CON TODAS LAS CLAVES Y CONSEJOS QUE NINGUNA GUÍA OFICIAL TE ENSEÑARÁ

MEGAN MILLER

Este libro no está autorizado ni promocionado
por Mojang AB, Notch Development AB o Scholastic Inc,
ni por ninguna otra persona o entidad propietaria
de los derechos del nombre, de la marca
o del copyright Minecraft

Obra editada en colaboración con Editorial Planeta – España

Título original: *Minecraft Hacks*

© 2014, de la edición original: Hollan Publishing

© 2014, Editorial Planeta, S.A. – Barcelona, España

Derechos reservados

© 2015, Editorial Planeta Mexicana, S.A. de C.V.
Bajo el sello editorial DESTINO M.R.
Avenida Presidente Masarik núm. 111, Piso 2
Colonia Polanco V Sección
Deleg. Miguel Hidalgo
C.P. 11560, México, D.F.
www.planetadelibros.com.mx

Primera edición impresa en España: octubre de 2014
ISBN: 978-84-9754-787-1

Primera edición impresa en México: enero de 2015
ISBN: 978-607-07-2560-9

No se permite la reproducción total o parcial de este libro ni su incorporación a un sistema informático, ni
su transmisión en cualquier forma o por cualquier medio, sea éste electrónico, mecánico, por fotocopia, por
grabación u otros métodos, sin el permiso previo y por escrito de los titulares del *copyright*.
La infracción de los derechos mencionados puede ser constitutiva de delito contra la propiedad intelectual
(Arts. 229 y siguientes de la Ley Federal de Derechos de Autor y Arts. 424 y siguientes del Código Penal).

Impreso en los talleres de Infagon Web, S.A. de C.V.
Alcaicería núm. 8, Col. Zona Norte Central de Abastos, México, D.F.
Impreso en México · *Printed in Mexico*

ÍNDICE

INTRODUCCIÓN

¡Eres todo un minero! Has extraído diamantes, has matado unos cuantos zombis y sabes que no se debe cavar en línea recta hacia arriba o abajo... ¿Qué te queda? Mucho. Minecraft es un juego *sandbox* en constante evolución. Es decir, que los desarrolladores añaden novedades cada año y hay muchas formas de jugarlo. En la versión 1.7.2, se ha duplicado el número de biomas o tipos de paisaje, y se pueden pescar tesoros o trastos, entre otras cosas. El juego crece y cambia a medida que aprendes, por lo que siempre hay cosas nuevas que explorar y probar.

Cada año, miles de jugadores descubren trucos nuevos para hacerlo todo mejor, más rápido y divertido. Este libro te enseñará montones de estrategias para ayudarte en el juego, tanto si prefieres combatir zombis como construir castillos. Por ejemplo:

- cómo defender una aldea de un asedio de zombis;
- cómo prepararse para derrotar al dragón del Fin;
- cómo encontrar uno de los tres baluartes del mundo;
- cómo fabricar puertas automáticas con pistones y *redstone*;
- o cómo cambiar entre el modo creativo y el de supervivencia usando trucos.

NOTA: este libro se basa en la versión 1.7.9 de Minecraft para computadora. Si estás jugando una versión diferente o en una consola, es posible que algunas características funcionen de forma distinta.

Minecraft es un juego *sandbox*, es decir, que es como una caja de arena. No hay reglas: se puede construir desde una carretera hasta un castillo, o simplemente jugar con la arena. En Minecraft se puede construir un sistema ferroviario enorme, adiestrar lobos y ocelotes, explorar océanos, o matar un ejército de zombis. ¡O todo a la vez! No hay objetivos, pero si lo prefieres así, Minecraft tiene algunos para ti. Puedes revolver cuanto quieras. ¡Tú decides cómo jugar!

Modos de Minecraft

En Minecraft se pueden elegir varios modos desde el principio. Cada uno es un tipo de juego diferente.

- **Supervivencia y extremo:** necesitas comida y refugio para sobrevivir, y puedes matar y morir. En supervivencia, si mueres, aparecerás en el punto de inicio. Perderás todo tu inventario, pero los edificios que hayas construido y los objetos que hayas guardado en cofres permanecerán intactos. Hay cuatro niveles de dificultad en supervivencia: pacífico (sin criaturas hostiles), fácil (pocas criaturas hostiles), normal y difícil (las criaturas hacen más daño y puedes morir de hambre). El modo extremo tiene el nivel difícil preestablecido, y no hay trucos ni cofres de regalo. Solo tienes una vida; y si mueres, ¡se borrará el mundo!

En el nivel difícil, las criaturas pueden tener armas, armaduras y encantamientos, y pueden hacer más daño.

- **Aventura:** un modo nuevo, pensado para jugar en mapas especializados y creados por jugadores. No permite modificar tantos bloques como el resto de los modos.

- **Creativo:** en este modo no puedes recibir daño ni morir, no necesitas comer y puedes volar en lugar de caminar. Es ideal para construir casas impresionantes y artilugios con *redstone* sin que te molesten las criaturas. Tu inventario se convierte en una ventana de selección de objetos donde puedes usar cualquier objeto de Minecraft, desde camas hasta ojos de *enderman*. Incluso tiene una pestaña para buscar lo que quieras. Para volar,

pulsa la barra espaciadora dos veces. Luego, vuelve a pulsarla para ascender y pulsa la tecla Mayús. para descender. Salvo que hayas habilitado el
modo pacífico, las criaturas seguirán apareciendo
igualmente. No pueden hacerte daño, pero... ¡los
creeper pueden explotar!

¡Vuela en el modo creativo para construir una torre hasta el cielo!

¿Quieres objetivos?

Si te gustan los objetivos, también puedes jugar de ese modo.
Minecraft dispone de una serie de 30 logros que pueden valer
como misiones: los puedes ir completando uno tras otro. También sirven de guía para la supervivencia. El principio es sencillo
y seguramente hayas conseguido muchos logros ya. El primero
es *Haciendo inventario* y se consigue pulsando E. Para llevar la
cuenta de tus logros, pulsa Escape, que abre el menú del juego, y haz clic en *Logros*. (Haz clic en el botón *Estadísticas* para
ver cuántos *creepers* has matado, cuánto has pescado y cuántos
bloques has cavado, entre otras cosas.)

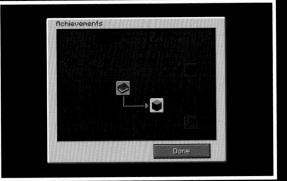

Si te gusta jugar con objetivos, usa los logros como misiones.

Puedes consultar tus estadísticas, desde cuánto hierro has extraído hasta cuántos zombis has matado.

También hay una forma de «ganar» en Minecraft: derrotando al dragón del Fin. Es difícil llegar hasta esa dimensión porque para prepararse hay que aprender a usar pociones, matar *endermen* y sobrevivir en el Inframundo para conseguir objetos esenciales.

Saca partido a Minecraft

No te estreses

Vas a morir. Salvo que estés en el modo creativo, algo te acabará pasando. Incluso en el modo pacífico, puede que caigas en un charco de lava. ¡Pero todo es parte del juego! Anticípate guardando tus cosas en cofres y, por supuesto, acordándote luego de dónde encontrarlos y de dónde está tu casa.

Cambia de aires

Si necesitas descansar de las criaturas un rato, cambia al modo pacífico. Para cambiar el nivel de dificultad en supervivencia, pulsa la tecla Escape y cambia las opciones de dificultad. Si empiezas un mundo y activas los trucos, también puedes cambiar entre los modos supervivencia y creativo. Si se quiere cambiar de modo dentro del mismo mundo, este tendrá que crearse con los trucos activados.

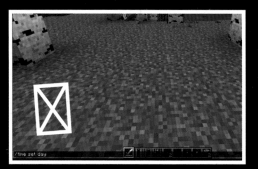

Si activaste los trucos al crear el mundo, puedes escribir comandos en la ventana de chat. Pulsa T para abrir la ventana y escribe «/» seguido del comando. /time set day hará que amanezca en el juego.

Usa bien los trucos

Los trucos o comandos pueden quitarle la gracia al modo supervivencia. Pero si juegas en el modo creativo y necesitas trabajar sin que las criaturas te ataquen, los comandos te resultarán útiles. Para usarlos, primero debes crear el mundo con los trucos activados. Luego, abre la ventana de chat pulsando T. (La ventana de chat solo sirve para hablar en el modo multijugador.) Escribe el comando en la ventana de chat y pon «/» delante.

(Otra opción es la tecla Ç, que abre la ventana de chat y escribe «/» automáticamente.) Para cambiar al modo creativo, escribe **/gamemode c**. Para volver al modo supervivencia, escribe **/gamemode s**. También se puede cambiar el nivel de dificultad escribiendo **/difficulty 0** (pacífico) hasta **/difficulty 3** (difícil). Un truco famoso para sumar experiencia es **/xp X** (donde X es el número de puntos de experiencia). Te puedes teletransportar a donde quieras, si conoces las coordenadas, poniendo **/tp X Y Z**. Para ver la lista de comandos, escribe **/help**.

Mundos y semillas

Si solo quieres explorar mundos o si te cuesta encontrar estructuras como los templos de la jungla, puedes jugar en mundos de otros jugadores. Todo mundo surge de una «semilla». Cuando se crea uno en Minecraft, se genera un número aleatorio llamado semilla. Para ver la semilla de tu mundo, escribe **/seed** en la ventana de chat.

Se pueden visitar otros mundos escribiendo el número de la semilla en la ventana de opciones del mundo.

También se puede escribir un número aleatorio o una serie de caracteres en la ventana *Más opciones del mundo...*, donde pone *Semilla para el generador de mundos*. Los usuarios comparten semillas en páginas de Internet como minecraft-seeds. net. Entra en una y elige un mundo que te guste. Asegúrate de que se creó con la misma versión del juego que usas y escribe la semilla en la ventana de opciones del mundo. También se puede escribir una semilla con letras. ¿Has probado a escribir tu propio nombre para ver qué mundo se genera? También se puede cambiar el tipo básico de mundo haciendo clic en el botón *Mundo*.

- Extraplano: es un mundo plano con una capa de césped, dos de tierra y una de piedra base. Puedes personalizar las capas y la altura con el botón *Personalizar*, o puedes utilizar plantillas de mundos extraplanos.

- Superbiomas: hace que los biomas sean 16 veces más grandes.

- AMPLIFICADO: hace que las montañas sean más altas, pero tu computadora podría ir más lenta.

Gestiona tu inventario

A muchos jugadores les resulta más cómodo utilizar atajos para mover objetos entre el inventario y otros recipientes y ranuras.

- Pulsa del 1 al 9 para manejar los objetos de los accesos rápidos.

Para manejar los objetos de los accesos rápidos, pulsa el número de la ranura, entre 1 y 9 (en orden).

- Pulsa Mayús. y haz clic en una pila para moverla entre el inventario y los accesos rápidos o entre un recipiente y el inventario (o los accesos rápidos).

- Pulsa Mayús. y haz clic en una armadura para colocarla en su ranura.

- Mueve objetos entre el inventario y una ranura de los accesos rápidos colocando el cursor encima del objeto o la ranura vacía del inventario y pulsando el número de dicha ranura (0 a 9).

- En el horno, pulsa Mayús. y haz clic en una materia prima para moverla a su ranura.

- Haz clic derecho en una pila para agarrar la mitad.

- Haz doble clic en un objeto para agarrar todas las unidades (hasta 64) disponibles en el inventario.

- Para mover todas las unidades de un objeto del inventario a un cofre, elige un objeto, pulsa Mayús. y haz doble clic en el que quieras mover.

- Mientras sostienes una pila de objetos, haz clic derecho para soltar una unidad.

- Mientras fabricas cosas, puedes hacer clic derecho en una pila y arrastrarla por las ranuras para dejar una unidad en cada una. Se puede repetir para seguir añadiendo objetos.

- Para fabricar el máximo de objetos a partir de pilas, pulsa Mayús. y haz clic en el producto.

Gestiona tus herramientas

Vigila el daño que reciben tus herramientas y armas, y repáralas antes de que se rompan fabricando una herramienta dañada a partir de una nueva. Así tendrá un poco más de durabilidad. Una herramienta dañada y reparada mediante una nueva tiene más durabilidad que una nueva hecha desde cero.

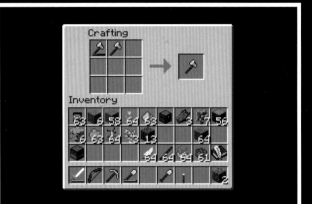

Repara las herramientas dañadas combinándolas con una nueva. Así tendrán más durabilidad.

Modificaciones del juego

Minecraft permite que otras personas puedan modificar el juego. Hay tres formas de hacerlo, pero, ¡ojo!, es muy fácil descargar una aplicación o un archivo que puedan dañar el juego o la computadora. Recomendamos que para modificar el juego pidas ayuda a un adulto o a un amigo que sepa hacerlo. Comprueba que los archivos descargados son compatibles con la versión exacta del juego que usas; haz copias de los archivos del juego antes de realizar cambios; ¡y ten cuidado con los virus!

- **Skins:** puedes cambiar el aspecto de tu personaje subiendo un archivo de imagen, llamado *skin*. Las *skins* se pueden descargar de Internet o crear mediante un editor. Una forma fácil de cambiarla es descargar una que te guste de un sitio web de *skins* de Minecraft, como minecraftskins.com. Luego, inicia sesión en tu cuenta de minecraft.net y ve a la página de tu perfil. Haz clic en *Seleccionar archivo*, busca el que has descargado en tu computadora y súbelo.

Una *skin* es un pequeño archivo de imagen que muest[ra] el aspecto de tu personaje. Muchos juegos, incluido Minecraft, te permiten cambi[ar] de *skin*. Este dragón está sacado de minecraftskins.com

- **Paquetes de texturas y recursos**: son conjuntos de archivos que sustituyen a los recursos del juego, como los sonidos o las texturas (archivos de imágenes), y establecen el aspecto de los bloques y la música. No cambian la esencia del juego.

- **Mods:** son programas descargables que modifican algunas funciones del juego. Por ejemplo, un *mod* puede añadir montones de criaturas al juego, desde conejos hasta hombres lobo, y otro puede añadir plantas fantásticas y nuevas.

¡Sigue aprendiendo!

Millones de personas, tanto adultos como niños, juegan a Minecraft. Comentan el juego en Internet, juegan juntos en el modo multijugador, y suben videos y tutoriales. Otra forma de aprender a jugar es consultando los videos de YouTube y la wiki de Minecraft de minecraft-es.gamepedia.com.

CAPÍTULO 2

MUNDO POR DESCUBRIR

El mundo de Minecraft es enorme. Hay paisajes que cambian, llamados biomas, clima variable e infinidad de cavernas, lagos, mares y océanos. Lo malo es que no hay señales ni indicaciones. Es muy fácil moverse rápido, perseguir cerdos, huir de un *creeper*, desviarse y perderse.

Por tanto, una estrategia clave en Minecraft es saber siempre dónde estás, dónde está tu casa y cómo volver. Probablemente ya sepas construir un faro sobre un pilar para tu base. Sirve de referencia para orientarte, pero no si estás demasiado lejos de tu casa o si hay montañas altas de por medio. Así que, cuando construyas el faro, asegúrate de que sea más alto que las montañas de alrededor. ¡Añade varias antorchas en lo alto para iluminar el cielo de noche!

Al construir un faro, asegúrate de que las montañas no lo tapen y que se vea desde lejos.

Las brújulas y los mapas pueden ser útiles, pero las primeras siempre apuntan al punto de nacimiento inicial. Si lo has cambiado al acostarte en otro sitio, la brújula no te servirá. Los mapas son estupendos, pero para trazar una zona grande necesitarás varios de gran tamaño. Para fabricar un mapa grande o expandible, pon un mapa en el centro de fabricación y ocho papeles alrededor. Se puede repetir hasta cuatro veces para obtener un mapa 16 veces más grande que el tamaño original.

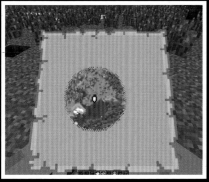
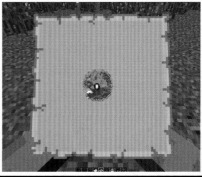
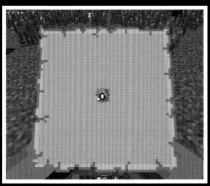

Puedes expandir un mapa hasta cuatro veces.

Una forma rápida de señalizar el camino para no perderte es golpear el tronco de los árboles a tu paso (si estás en el bosque).

Para no perderte en el bosque, golpea el tronco de los árboles.

En cambio, si estás en una zona desértica, deja bloques de tierra (¡se ven bien!). En zonas no desérticas, deja bloques de arena. Puedes usar otros bloques, pero asegúrate de que se distingan bien del paisaje.

Deja bloques a tu paso para no perderte.

Si buscas o estás explorando barrancos y cuevas interesantes en tus viajes, señálalos cuando los veas. Utiliza algún tipo de señal que signifique «¡explora aquí!» y otra para indicar «explorado». Si quieres dejar una señal grande y que se vea bien, construye una minitorre con una antorcha.

Puedes idear tu propio sistema de señales. Este barranco se ha señalado con arena y lana roja para indicar que está explorado.

Coordenadas para orientarte

La mejor manera para saber dónde está tu casa y dónde estás tú en todo momento quizá sea mediante las coordenadas de Minecraft, que se pueden ver en la pantalla de depuración. Para abrirla, pulsa F3 (en algunas *laptops*, Fn+F3. Fn es la tecla Función). En la pantalla se muestra información sobre *chunks* (fragmentos de 16 bloques del mundo que maneja el programa de Minecraft) y la memoria, entre otros datos. Los más importantes son los números de X, Y, Z y F, que están en el centro izquierdo de la pantalla. Las coordenadas del «centro» del mundo son 0, 0, 0.

En el centro izquierdo de la pantalla de depuración están las coordenadas X, Y, Z y la dirección hacia donde miras (F).

X: indica dónde estás en una línea de este a oeste. Los números negativos indican que estás al oeste de 0, 0.

Z: indica dónde estás en una línea de norte a sur. Los números negativos indican que estás al norte de 0, 0.

Y: indica la altitud respecto al centro del mundo, desde el fondo de las minas (casi 0) hasta las montañas.

F: muestra hacia qué dirección miras (este, oeste, norte o sur).

Lo esencial para saber tu posición son los números de X y Z. Anota en una libreta (real) las coordenadas de tu casa y otros lugares importantes que encuentres, como aldeas, templos y minas que quieras explorar. También puedes apuntar las señales de tu inventario, pero las perderás si mueres.

Números para volver a casa

Si te pierdes y tienes las coordenadas de tu casa anotadas, abre la pantalla de depuración y observa tu posición en X y Z. Así sabrás qué dirección tomar. Lo más fácil es ir en una dirección y luego en la otra porque los números de la pantalla de depuración cambian muy rápido y cuesta llevar la cuenta de varios a la vez. Por ejemplo, si tienes que ir hacia el este, primero observa el número F para mirar hacia allí y luego avanza. Sigue mirando la pantalla de depuración para asegurarte de que los números de X están subiendo (yendo hacia el este). ¡Aunque quizá tengas que desviarte para rodear montañas o lagos!

Más consejos de orientación

- Las nubes van siempre hacia el oeste, así que obsérvalas si no ves el sol.

- Llévate un mapa a las profundidades. Sabrás si arriba hay lava, arena o agua antes de cavar.

- También puedes formar un rastro de árboles deshojados, bloques de lana teñida o calabazas iluminadas. ¡Orienta la cara de las calabazas iluminadas para marcar el sentido!

Al colocar una calabaza iluminada, la cara apuntará hacia ti. Si orientas las caras en una misma dirección, sabrás el sentido del camino.

- Si vas con tranquilidad, puedes cavar una zanja a tu paso. Más tarde, puedes rellenarla de roca u otro tipo de bloque para formar una carretera.

Viaje en barca

Además de viajar a pie y a caballo, puedes recorrer largas distancias por mar en poco tiempo; y si ves una red de ríos, puedes aprovecharla para explorar con rapidez. Si sujetas un mapa expandible, rellenarás un buen trozo de inmediato. El problema es que las barcas se rompen con facilidad. Si vas a viajar, llévate unas cuantas barcas. Si se rompe la que estás usando, saca otra y haz clic derecho en ella para subir.

Explorando en barca.

Para fabricar una barca, necesitas cinco bloques de madera de jungla. Coloca la barca haciendo clic derecho en el agua. Sube haciendo clic derecho en ella y baja pulsando la tecla de agacharse (tecla Mayús.). Para conducirla, pulsa la tecla W para avanzar mientras apuntas en una dirección. Con la tecla S puedes retroceder, pero no cambiará la orientación de tu cámara. Las barcas se dañan fácilmente al chocar contra bloques y nenúfares; y si reciben demasiado daño, se rompen.

Más consejos sobre barcas

- Las barcas también se pueden colocar en tierra firme, ¡pero se conducen muy despacio!

- El nivel de la barra de hambre no varía cuando viajas en barca.

- Rompe una barca para devolverla al inventario.

- Estando en una barca, esta te protege de las criaturas hostiles que están en tierra.

demás de extraer menas especiales y de fabricar objetos interesantes, la exploración es muy importante en Minecraft. ¡Puedes hallar plantas especiales, aldeanos con quienes comerciar, caballos adiestrables y templos que saquear! Hay que conocer los distintos paisajes o biomas de Minecraft. Los templos solo se encuentran en la jungla, sí, pero ¿qué hay en las zonas nevadas y frías? Hay que estar pendiente mientras se explora. Puedes saber el bioma donde estás en la pantalla de depuración.

En los biomas nevados, los que tienen abetos y robles (llamados «taiga»), hay lobos. Se llama taiga a los bosques boreales de coníferas; sus hojas tienen forma de aguja. Los biomas fríos son más rocosos y tienen más árboles que los biomas nevados. Hay

El bioma aparece en la pantalla de depuración, pulsando F3 (o Fn + F3). Está bajo las coordenadas, donde pone «lc». Este es una meseta.

más lobos en la taiga de los biomas fríos. En los templados y exuberantes, hay llanuras, bosques, pantanos, ríos, islas champiñón, playas y junglas. Hay más charcas, ríos y plantas. Las cabañas de bruja están en los pantanos, y las junglas albergan ocelotes, semillas de cacao, sandías silvestres y templos de jungla. Al igual que en los biomas fríos, en los cálidos o los secos hay menos fauna y flora. En los desiertos hay cactus; en las sabanas, acacias; y en las mesetas, arcilla seca. Las aldeas se encuentran en llanuras, desiertos y sabanas.

Mientras exploras, busca cuevas, barrancos, aldeas y templos de desierto y de jungla, ya que suelen contener objetos especiales que no se pueden fabricar o extraer cavando.

Exploración de cuevas

Si estás explorando un sistema de cuevas, es muy fácil que te pierdas porque todo parece igual. Para señalar el camino de forma sencilla, coloca antorchas solo en la pared derecha de la cueva mientras exploras.

Un truco para no perderte es ir colocando antorchas solo a la derecha. Para salir, déjalas a tu izquierda. Marca la salida de una encrucijada con dos antorchas.

Para volver a la entrada, sigue el rastro de antorchas a la izquierda de tu hombro. (Puedes hacerlo al revés, pero mantén siempre la misma táctica.) Cuando utilices esta táctica, ten cuidado con las encrucijadas. Asegúrate de señalizar el camino que conduce hasta la entrada. Una forma fácil de hacerlo es dejar dos antorchas, una encima de otra.

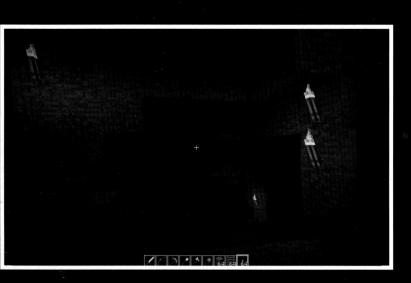

Al llegar a una encrucijada, pon dos antorchas para señalar el camino de vuelta.

Si has terminado de explorar una zona, indícalo.

Pon señales con notas recordatorias («¡obsidiana por aquí!», «¡sigue la salida!»). Puedes colocar varios guiones y el símbolo «>» para formar flechas.

Señaliza los hallazgos importantes y la salida.

A veces encontrarás mazmorras en las cuevas; son habitaciones de roca musgosa que contienen cofres. Pero ten cuidado: ¡casi siempre hay un generador de criaturas que deberás desarmar!

En las mazmorras suele haber cofres interesantes... ¡y un generador!

Minas abandonadas

Las minas abandonadas se crean automáticamente en cada mundo nuevo. Hay laberintos de túneles y pozos medio rotos, pero se pueden aprovechar la madera, los rieles, las vallas y las telarañas. También hay cofres que contienen varios objetos especiales como monturas y libros encantados, semillas y, a menudo, pan. Hay antorchas ya encendidas en estas minas, por lo que hay menos criaturas. Pero siempre hay una trampa: hay generadores de arañas de cueva. Están rodeados de telarañas gruesas. Las telarañas te restan velocidad, ¡pero no a las arañas de cueva! Estas son más pequeñas que las comunes, por lo que pueden atravesar huecos de 1×1. ¡Anda con ojo!

Las minas abandonadas se distinguen por las vigas de madera, los postes y las vías. Dentro hay rieles, menas y cofres, entre otras cosas.

Usa unas tijeras o una espada para recoger las telarañas o préndeles fuego con un encendedor, ¡y quizá mates de paso a alguna araña de cueva que otra! Mátalas con un arco o una espada y usa un pico para destruir el generador. Si te muerden, cómete una manzana dorada o bebe leche para curarte. Si un río de agua o lava te corta el paso, piensa en una forma sencilla de bloquearlo con roca para poder continuar.

A pesar de los peligros, en las minas abandonadas se pueden saquear muchas cosas. Un truco para encontrarlas es fijarse en las paredes de los barrancos en busca de una señal. Por ejemplo, si hay puentes de madera que atraviesan el barranco.

Cómo bajar por un barranco

Hay varias formas de bajar por un barranco. Tira bloques de arena o tierra desde el borde, que caigan hasta abajo. Cuando haya suficiente nivel, salta y cava hacia abajo. Otra forma de hacerlo es creando una cascada. Vierte agua desde un bloque o dos del borde del barranco para que caiga por este. Asegúrate de que la pendiente sea recta y de que se ha formado un charco de agua al final para frenar la caída. Pisa el agua y deja que la cascada te lleve hasta abajo. Además, puedes volver nadando por la cascada. O si tienes tiempo, esculpe escalones en la pendiente del barranco. Según la curvatura, puede que tengas que cavar un poco para girar una esquina de vez en cuando.

Una forma de bajar por un precipicio es formando una cascada. Asegúrate de que la pendiente sea recta y que el agua haya formado un charco donde aterrizar.

Templos de desierto

Los templos de desierto son otra gran fuente de tesoros, pero debes evitar o desactivar las trampas de dinamita explosiva de su interior. Cuando entres por la puerta principal, verás un patrón de bloques de lana naranja y azul en el suelo. Bajo este se oculta una cámara muy profunda con una placa de presión conectada a varios bloques de dinamita enterrados.

Un templo de desierto.

En los bordes de esta cámara oculta hay cuatro cofres que contienen objetos especiales y valiosos como diamantes, esmeraldas, libros encantados y monturas.

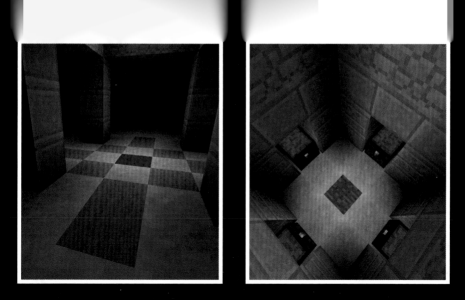

En el interior del templo, una parte del suelo esconde una cámara. En ella hay cuatro cofres del tesoro con trampas de placas de presión. ¡Si las pisas, explotarán nueve bloques de dinamita!

Tienes que bajar hasta el fondo de la cámara sin tocar la placa de presión. Hay quien crea una cascada para bajar nadando, pero se acaba bastante cerca de la placa de presión. Un método más seguro es cavar una escalera por el lateral o hacia la cámara. Así, puedes romper la placa de presión, saquear los cofres y llevártelos junto con la dinamita.

Templo de jungla

- - - - - - - - - - - - - - -

Al igual que los templos de desierto, los de jungla tienen tesoros y trampas ocultas. Un templo de jungla contiene dos cofres. En un lateral del templo hay un rompecabezas de palancas que abre un agujero que lleva hasta uno de ellos. Debes mover las palancas hasta dar con el orden correcto para revelar el cofre.

Al otro lado del templo hay un pasillo con trampas d
¡Si las tocas, se activará un dispensador que te acribi
chazos! Ve a la puerta principal; verás un nivel supe
inferior. Debajo, en uno de los laterales de la escalera
palancas; arriba, el pasillo lleno de trampas.

Las trampas de cuerda son fáciles de detectar: busca una línea fina que atraviesa el suelo de la sala. Es más fácil detectar los ganchos de la cuerda en ambos laterales del pasillo. Usa un pico para romperlos y así desactivar la trampa. También se puede cortar la cuerda con unas tijeras. Al final del pasillo está el dispensador de la pared, oculto entre enredaderas, del que se pueden saquear las flechas haciendo clic derecho. Anda con ojo: más adelante hay otra trampa de cuerda delante de otro dispensador, protegiendo el cofre. ¡Desactívala con estos trucos!

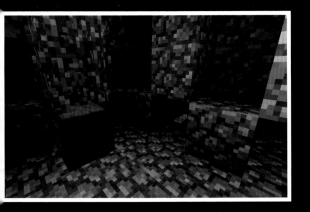

Hay una segunda serie de trampas de cuerda en los templos de jungla. El gancho está a la derecha; y el dispensador, oculto entre unas enredaderas encima del cofre.

En cuanto al rompecabezas de las palancas, la combinación depende de si estas están a la derecha o a la izquierda de la escalera. Si están a la derecha, haz clic en la del extremo derecho, la del extremo izquierdo y la del centro. Después, sube la del centro, la de la izquierda y la de la derecha. Si están a la izquierda, el orden es izquierda, derecha, centro, centro otra vez, derecha e izquierda. Sube la escalera. Se habrá abierto un agujero en el suelo. ¡Cava hacia abajo para llegar a la zona del segundo cofre! Además del tesoro del cofre, llévate los bloques especiales que forman las trampas y las palancas: trampas de cuerda, dispensadores, pistones, *redstone* y repetidor de *redstone*.

Más consejos de exploración

- Lleva siempre varias antorchas para iluminar los pasadizos y las cuevas a tu paso, y evitar que aparezcan criaturas.

- Las escaleras de mano son muy útiles para subir y bajar deprisa. Puedes pulsar la tecla de agacharse (tecla Mayús.) para pararte en la escalera.

- En el borde de un precipicio o un barranco, pulsa la tecla de agacharse para moverte despacio y asomarte al borde. También sirve para extender un puente sobre charcos de lava, abismos y barrancos.

i juegas a Minecraft, probablemente ya hayas pasado unas horas excavando terrenos y cuevas. Habrás amasado una buena cantidad de carbón, hierro e incluso diamantes y *redstone*. Pero extraer todo eso lleva su tiempo, y más si no tienes suficientes diamantes para fabricar el pico más duro. Durante estos años, mineros de todo el mundo han estado debatiendo cuáles son las mejores tácticas para minimizar el tiempo y maximizar la cantidad de ganancias. Aquí tienes algunas de las mejores tácticas para convertirte en un as de la minería.

Planifica tus viajes

Si vas a salir a cavar, no escatimes en lo imprescindible. Como mínimo, lleva un buen puñado de antorchas, una mesa de trabajo, varios picos y palas, y mucha comida. No hay mucha comida bajo tierra ni madera (¡salvo que encuentres una mina abandonada!), así que lleva una pila de bloques de madera y muchos alimentos.

Cava con precaución

¿Quieres evitar a los esqueletos y las arañas de cueva, pero no quieres poner el modo pacífico? Como las criaturas se generan en la oscuridad, lo mejor es controlarla. Empieza a cavar bajo la protección de tu casa y no olvides iluminar el camino. Si te encuentras con la boca de una cueva oscura, bloquéala. Marca la abertura de algún modo, por si quieres explorarla en otro momento. ¡Incluso puedes poner una puerta!

¡Para evitar a los monstruos, cava desde tu casa e ilumina el camino!

Elige las herramientas

Acuérdate de cavar con las herramientas adecuadas y usa la más resistente que tengas. Utiliza el pico para extraer menas y picar la roca, y una pala para la tierra, la grava y la arena. Usa siempre las mismas ranuras de los accesos rápidos para cada herramienta, por ejemplo, el 1 para el pico. Así, cambiarás de herramienta de forma sencilla y rápida.

Si mantienes un orden de las herramientas en los accesos rápidos y pulsas el número correspondiente (1 al 9), te será rápido cambiar entre ellas (¡igual para las armas!).

Nivel 11

Cada tipo de mena, desde el carbón vegetal hasta el diamante, se halla en distintos niveles del terreno. El nivel más bajo del Mundo Principal, el nivel 0, es de piedra base. La piedra base es dura: no se puede atravesar, ni cavar y es indestructible. Es lo que separa el Mundo Principal del Inframundo.

La última capa del Mundo Principal (nivel 0) es de piedra base y no se rompe.

El bloque superior a la piedra base es el nivel 1, luego el 2 y así sucesivamente. El diamante aparece entre los niveles 1 y 15; la esmeralda, entre el 4 y el 31; y el carbón, en casi todos. Se ha estudiado mucho qué menas aparecen según las concentraciones y los niveles. En resumidas cuentas, para tener más suerte encontrando los más y los menos comunes, cava hasta el nivel 11. Para saber en qué nivel estás, abre la pantalla de depuración pulsando F3. Entre las coordenadas X, Y y Z, la Y es la que lo indica. (¡Es más, señala el nivel en el que están tus pies y el nivel aproximado en el que están tus ojos!)

Generalmente, casi todo tipo de menas están en el nivel 11. Para saber el nivel, abre la pantalla de depuración y fíjate en la coordenada Y.

Otra forma de llegar al nivel 0 es cavar hasta la piedra base y contar los bloques desde allí. Algunos dicen que las menas aparecen en el nivel 10; y otros, en el 12. Así que intenta llegar a cualquiera de ellos.

Salidas eficaces

Conserva la energía para el camino de vuelta. En vez de subir los escalones a saltos, coloca bloques de escalera sobre ellos.

Salir de la mina saltando puede restarte energía. Es mejor poner escaleras sobre los bloques, así te cansas menos.

También existe la posibilidad de crear una escalera de pozo. (Recuerda que no hay que cavar en línea recta. Cava un agujero de dos bloques de anchura, y muévete de un bloque a otro mientras vas cavando y colocando la escalera en un lado.)

Para hacer una escalera de pozo, cava un bloque delante de ti, avanza y cava el bloque donde estabas. Repítelo mientras vas colocando la escalera en un lado.

Entradas estrechas

Si no quieres alejarte del punto donde empezaste a cavar o si quieres aprovechar el espacio, crea una escalera de caracol. La más estrecha ocupa una zona de 2 × 2 bloques.

Para ello, cava un bloque delante de ti. Avanza, gira a la derecha y cava el bloque que tienes delante y el de debajo de este. Avanza, gira a la derecha y cava el siguiente escalón. Sigue así para bajar lo lejos quieras. ¡También se pueden hacer más anchas!

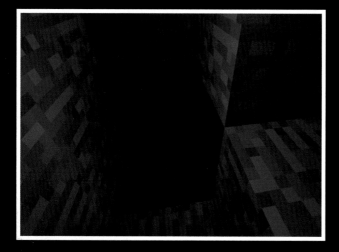

Haz las escaleras estrechas si no quieres alejarte demasiado del punto inicial de descenso.

Minería de ramales

Si de verdad quieres extraer montones de menas, una de las formas más eficaces de explotar una zona grande es mediante ramales. Se crea una habitación o sala central y desde esta se cavan pasillos separados por cuatro bloques (tres bloques entre cada pasillo). Si quieres asegurarte de no dejar ni una sola mena, hazlos separados por dos bloques. Pero como la mayoría de vetas miden más de dos bloques, puedes ahorrarte tiempo y no perderás mucho si los separas por cuatro bloques.

En una mina de ramales, hay un túnel cada tres o cuatro bloques.

Minería de cuevas

Si no te importa combatir criaturas a tu paso o si el modo pacífico está activado, excava en cuevas y barrancos del mundo. En la minería de cuevas, también llamada espeleología, no se cava tanto, ¡y se hace deprisa! Desciende todo lo posible por los ramales de la cueva, cava con un pico hasta el nivel 11 y forma ramales a partir de ahí. Un método para minimizar los ataques de criaturas es explorar a fondo y colocar antorchas primero.

Dinamita

Los bloques de dinamita se pueden hallar en los templos de desierto (¡en las trampas!), o fabricar con arena (roja o amarilla) y pólvora. La explosión abrirá un agujero en una montaña o el suelo. Saldrán disparados bloques enteros, aunque la mayoría quedarán destruidos. No es una buena táctica si quieres las menas, ¡pero abrir cráteres es divertido! Coloca la dinamita, enciéndela haciendo clic derecho con un encendedor y ponte a cubierto. Los bloques de dinamita parpadean varias veces antes de detonar: el tiempo justo para huir. Si no te importa perder menas en un descenso, puedes detonar el suelo.

Si por lo que sea tienes que abrir un agujero en algún sitio, usa la dinamita. Algunos bloques saldrán volando, pero la mayoría se destruirán junto con las menas.

Construye una base

Cuando llegues al nivel 11 o donde quieras empezar a extraer menas, crea un campamento base. Si tienes pensado pasar mucho tiempo bajo tierra, lo mejor es tener un rincón protegido, con una cama y un par de cofres para guardar objetos. Coloca un par de hornos para poder fundir las menas, además de una mesa de trabajo para fabricar más picos y palas.

Construye una base dentro de la mina.

¡Encanta hachas, palas y picos! Con el encantamiento *Eficiencia* cavas más rápido. Los bloques especiales como la mena de esmeralda solo se consiguen con *Toque de seda* (normalmente se obtiene una esmeralda, no todo un bloque). Con *Irrompibilidad* tus herramientas duran más, y *Suerte* te permite extraer más menas por bloque.

Obsidiana

La obsidiana es el bloque más duro de Minecraft después de la piedra base (que es inextraíble) y es eficaz para protegerte contra los *creepers*. También es necesaria para construir portales al Inframundo y mesas de encantamientos. Aunque no es muy frecuente, se puede hallar en niveles bajos, a menudo cerca de la lava. La obsidiana se forma cuando una corriente de agua choca contra una fuente de lava y hay bastante lava a mucha profundidad. Puedes hacerla artificialmente, pero ten mucho cuidado al extraerla, ya que es muy posible que haya lava cerca, incluso debajo. Si ves una corriente de agua, piensa que sin querer podrías inundar la zona y acabar arrastrado. Una táctica es bloquearla para no llevarte sorpresas al excavar.

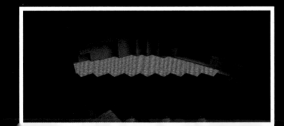

La obsidiana, el bloque destruible más duro, se forma cuando la lava y el agua chocan.

Más consejos de minería

- Ten a mano bloques de tierra por si necesitas bloquear una corriente de lava o de agua.

- Para deshacerte rápidamente de un pilar de grava, destruye el bloque inferior e inmediatamente pon una antorcha donde estaba. Esta destruirá los bloques de grava que irán cayendo.

- Coloca antorchas cada 12 bloques como mínimo para que haya luz suficiente y las criaturas no aparezcan. Pon más si hay rincones que bloquean la luz.

- Para hacerte con los rieles de una mina abandonada, vierte un cubo con agua en un extremo: la corriente de agua los elevará y podrás recogerlos cómodamente.

menos que hayas estado jugando en el modo creativo o con dificultad pacífica, habrás sufrido ataques de zombis, arañas y esqueletos, y habrás sobrevivido a la oscuridad. Es hora de mejorar tus habilidades y aumentar las probabilidades de conservar la vida. Si quieres sobrevivir en el Inframundo para conseguir objetos especiales y viajar al Fin para derrotar al dragón, deberás pulir tus tácticas.

No dejes de practicar

Un método para mejorar tus habilidades es crear un mundo solo para practicar combates. No importa cuántas veces mueras. Crea el mundo con los trucos activados y empieza en el modo creativo. Aprovecha el inventario para colocar cofres con armaduras, armas, otros cofres, comida y todo lo necesario, y luego cambia al modo supervivencia. Pon el nivel de dificultad que te sea más cómodo y ten la espada lista para cuando se acerquen las criaturas. Si ya sabes descargar mapas o te pueden ayudar con ello, también puedes descargar los de otros usuarios para practicar. (En *Capítulo 16: Más allá del Fin* de la página 138 hay más información sobre los mapas.) Puede que contengan artilugios que generan zombis o un campo de tiro. También puedes crear tu propio campo y construir blancos para dispararles. Para blancos móviles, llénalo de ovejas aprovechando los generadores del modo creativo. Añade una plataforma de tiro, y uno o varios cofres de flechas, ¡y practica el tiro con arco!

¡Si necesitas un arco y flechas para practicar, construye un campo de tiro! Crea blancos con lana teñida y pon criaturas pasivas para dispararles.

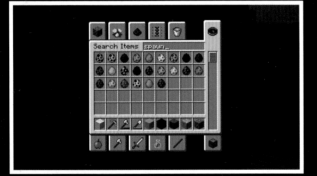

En el inventario del modo creativo, hay huevos generadores de cada criatura. Colócalos para que estas aparezcan.

¡Al ataque!

Siempre que sea posible, ataca con rapidez. Si atacas, la criatura tarda más en alcanzarte y tiene menos oportunidades de golpearte. Espada en mano, haz clic sin parar en arañas zombis, *slimes* y *creepers*. Siempre que sea posible, usa la espada para bloquear golpes y flechas haciendo clic derecho.

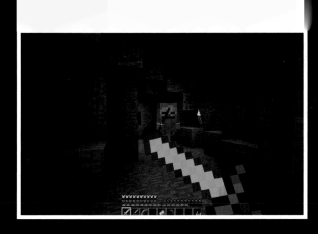

Haz clic derecho para bloquear las flechas de los esqueletos.

Así puedes disminuir el daño que recibes hasta en un 50 %. (Cuando bloqueas, caminas más lento.) Practica golpes rápidos, o combina bloqueo y golpe. Alterna rápido entre ataque (clic izquierdo) y bloqueo (clic derecho). Si hay un *creeper* cerca que va a explotar, bloquea para amortiguar el daño. Cuando le haces daño a una criatura, esta se pone roja. No podrás hacerle más daño durante un rato, así que espera o ataca a otra. Si puedes, llévalas a donde tengas ventaja. La mayoría de las criaturas te persiguen si estás a menos de 16 bloques y en su línea de visión. Como nada las detiene, puedes conducirlas a una trampa de lava o a un precipicio.

Golpes críticos

Para infligir el máximo daño, salta y golpea en la caída. Así conseguirás un golpe crítico que hace hasta un 50 % más de daño, y eso puede sacarte de un apuro. Si ves estrellas revolotear sobre tu oponente, es que lo has hecho bien. También puedes hacerlo saltando desde un bloque. Para disparar un flechazo crítico, hay que tensar el arco del todo antes de disparar. Si este tiembla ligeramente, significa que la flecha está cargada a tope.

Para infligir el máximo daño, salta y ataca mientras caes y harás un golpe crítico. Verás estrellitas en la cabeza de tu víctima.

Rechazos

Toma impulso antes de golpear a una criatura para rechazarla. Si rechazas a un *creeper*, podrías ganar más tiempo para escapar; pero en el caso de los esqueletos, les darás la oportunidad de rearmarse, así que no lo hagas contra ellos. Puedes rechazar entidades usando huevos de gallina o bolas de nieve.

Enemigos de Minecraft

Arañas de cueva

Las arañas de cueva salen de un generador, una caja que se halla en las mazmorras y las minas. Son más rápidas que las arañas comunes, además de venenosas. Si ves un generador, elimina las telarañas porque te frenarán a ti y no a ellas. Rómpelo con un pico, o si quieres quedártelo para tu granja de criaturas, desactívalo. Rodéalo de antorchas, incluida la parte de arriba, para que haya bastante luz, o de roca.

Un generador de arañas de cueva en una mazmorra. Desactívalo poniendo antorchas alrededor y encima. Puedes destruirlo con un pico.

Creepers

Si aparece un *creeper* a tu lado, huye. Una vez empieza la detonación, tienes 1.5 segundos para alejarte cinco bloques. Si lo consigues, el *creeper* detendrá el proceso, ¡aunque continuará persiguiéndote! Intenta alejarte lo más que puedas y dispárale con un arco. Si no es posible, golpéalo y aléjate rápidamente, o intenta rechazarlo.

Endermen

Derrama agua a sus pies para hacerles daño sin provocarlos. Sin subir el punto de mira más allá de sus piernas (para no provocarlos), atácales los pies.

Lepismas

Estas criaturas insectoides y pequeñas se esconden en bloques similares a la piedra o el granito, en biomas de colinas extremas y en mazmorras de fortalezas. Si rompes uno de estos bloques, el lepisma y (a veces) los de su alrededor saldrán para atacarte en grupo. Para matarlos, usa un encendedor y préndeles fuego, o derrámales un cubo con lava encima (¡súbete a un bloque para hacerlo!). También puedes tirarles grava encima. Si los atacas indirectamente de esta forma, sin la espada, evitarás que alerten a sus aliados.

Esqueletos

Usa las teclas A y D para esquivar las flechas, o muévete alrededor de ellos mientras atacas. Los esqueletos intentarán rodearte para atacarte por detrás, así que vigila tu espalda.

Slimes

Atácalos desde arriba. Primero, mata a los grandes; y luego, a los más pequeños.

Arañas

Son saltarinas, así que retrocede en cuanto las golpees.

Jinetes arácnidos
Primero, mata al esqueleto; y luego, a la araña.

Brujas
Te pueden arrojar pociones, así que mátalas con un arco. O muévete muy rápido para atacar antes de que se beban las pociones *Cuerpo ignífugo* y *Curación instantánea* para protegerse.

Usa el arco para matar a las brujas, o atácalas antes de que usen pociones y te arrojen una.

Zombis
Si golpeas a un zombi, este puede avisar a otros, así que antes intenta conducirlo a la luz del sol.

Ganar experiencia con zombis
Las granjas de criaturas son métodos para ganar puntos de experiencia (XP). Generan una multitud de criaturas en un espacio cerrado y protegido donde matarlas. Para hacer una granja sencilla, busca un generador de zombis en una mazmorra y desactívalo. Construye una cámara de 6 x 8 alrededor del generador y un pozo de 2 x 1 en una de las paredes más largas, en el centro. Debería tener menos de 23 bloques de profundidad. (Una caída de 22 bloques dejará a *creepers*, a zombis y a esqueletos con la

CAPÍTULO 6

ANIMALES

Los animales son fundamentales para sobrevivir y prosperar en el mundo de Minecraft. ¡Sirven para tu protección, alimentación y compañía! Son un tipo de criatura de Minecraft llamadas pasivas porque no te atacan. Seguramente ya habrás adiestrado y alimentado ovejas, gallinas, cabras y cerdos, pero hay cosas mucho más divertidas.

¿Dónde hay animales? Las ovejas, los caballos y las vacas están en campos de hierba. En la jungla, hallarás ocelotes; y en los bosques y las llanuras, hay cerdos. Para atraerlos hasta tu granja, usa los mismos objetos con que los alimentas. Acércate al animal sujetando el cebo. Si ves que se gira hacia ti y se acerca, ¡es que le interesa! Regresa despacio hasta tu casa con el cebo en la mano. A veces, los animales pierden el interés, así que vigílalos por si dejan de seguirte. ¡Tendrás que volver a intentarlo!

Champiñacas

¡Las champiñacas son animales muy raros y poco frecuentes! Parecen vacas pintadas del rojo de los champiñones que les crecen en el lomo. El único sitio donde hay es en el bioma de isla champiñón. ¡Se pueden ordeñar con un cuenco vacío para obtener estofado de champiñones! Y si les cortas los champiñones del lomo, se convierten en vacas normales.

La champiñaca, mitad vaca, mitad champiñón, es una vaca normal si le quitas sus champiñones.

En el mismo bioma, también hay unos champiñones gigantes que crecen en un tipo de bloque llamado micelio. Al romperlos sueltan champiñones.

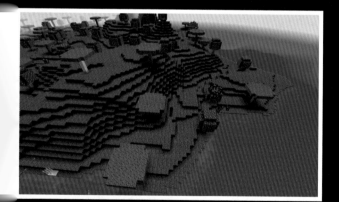

El bioma de isla champiñón es difícil de encontrar. ¡Y solo allí verás champiñacas!

Lobos de mascota

A diferencia de los animales de granja y los ocelotes, los lobos son neutrales, igual que los *endermen*. Si atacas a un lobo, este te atacará, probablemente junto con su manada. Pero cuando lo adiestras, se vuelve un aliado protector. Te seguirá a donde vayas y atacará a quien te ataque. Aunque esté lejos de ti, se teletrans-portará a tu lado. A diferencia de los animales de granja, los lobos necesitan comer. Puedes saber si están sanos por la po-sición de su cola: si está respingona, todo va bien. La cola baja a medida que pierden salud, pero se recuperarán con algo de carne (y si está cocinada, mejor).

Tu lobo goza de salud si tiene la cola respingona. Si no, es hora de darle de comer.

Adiestra un ocelote

¡Los *creepers* huyen de los ocelotes! Adiestra a uno para evitar que los *creepers* se acerquen a tu casa. Solo se puede hacer si está sumiso, es decir, mientras se te acerca despacio y te mira. Pero no puedes hacer ningún movimiento brusco o dejará de estar sumiso y se irá. Adiestrar a un ocelote tiene su chiste. Pue-des utilizar la táctica de atarlo primero y seguir atrayéndolo con pescado.

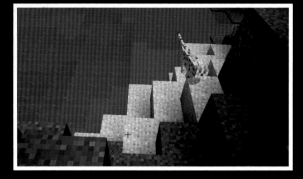

Muévete lento cuando adiestres a un ocelote, o saldrá huyendo.

Adiestrar caballos y montar

Montar a caballo es la forma más rápida de viajar en el modo su-pervivencia. Pueden saltar hasta cuatro bloques de altura, cami-nar sobre hoyos de un bloque y saltar otros más grandes. Para conseguir uno, tendrás que buscar un caballo salvaje, adiestrar-lo y ensillarlo. Para adiestrarlo, debes montar en él haciendo clic derecho con la mano. El caballo probablemente te tire, pero insiste hasta que le salgan corazones de la cabeza y te deje subir. Puede que necesites cinco intentos o más.

Para bajarte de él, usa la tecla de agacharse. Una vez adiestrado, no te seguirá como hacen los lobos o los ocelotes. Tendrás que montar en él, o ponerle unas riendas y atarlo a una valla. Las riendas se fabrican a partir de varios hilos y una bola de *slime*.

Para montar a caballo, ensíllalo haciendo clic derecho en la montura. (Para conseguir una montura especial, tendrás que comerciar con un aldeano o inspeccionar cofres.) Cuando ha-yas subido, abre el inventario. Verás que a tu inventario se ha sumado el del caballo, que tiene una ranura donde colocar la montura. También puedes ponerle una armadura. Al igual que las monturas, estas solo se hallan en cofres.

El inventario del caballo está junto a él. Para ensillarlo, arrastra la montura adentro.

Puedes montar a caballo igual que caminas, con el teclado y el ratón. Encima de los accesos rápidos, aparece la barra de salto del caballo en lugar de tu barra de experiencia. Tu barra de salud queda reemplazada por la del caballo.

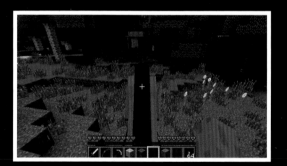

Cuando cabalgas, la interfaz muestra la salud y la barra de salto del caballo, en lugar de tu salud y tus barras de experiencia.

Más consejos sobre caballos

- Para saltar a caballo, mantén pulsada la tecla de saltar (espacio) y suéltala cuando quieras. Algunos pueden saltar cuatro bloques de altura.

- Puedes pelear a caballo igual que a pie, además de cavar y recoger objetos del suelo.

- Cría caballos con manzanas o zanahorias doradas. Las primeras son objetos especiales que a veces aparecen en cofres de mazmorras. Las segundas se fabrican a partir de ocho pepitas de oro y una zanahoria normal.

- Alimenta a los potros para que crezcan rápido. Para que recuperen la salud, dales trigo, azúcar, manzanas, pan, balas de heno, y manzanas y zanahorias doradas. Las balas de heno se crean a partir de nueve bloques de trigo. (Si pones una bala de heno en la mesa de trabajo, te dará los nueve. ¡Son cómodas para transportar trigo!)

- No todos los caballos son iguales: algunos son más rápidos y saltan más alto que otros.

- A los caballos no les gusta el agua y te desmontarán si pisas aguas de más de dos bloques de profundidad. Puede que tengas que usar riendas para cruzarlas. Así también puedes montar en barca y atravesar el océano.

- Se pueden amarrar caballos silvestres también.

Burros y mulas

Los burros son más pequeños que los caballos, y tienen el pelo pardo y las orejas grandes. Como los caballos, se los puede alimentar y criar de la misma forma. ¡Puedes colgarles un cofre y llenarlo de provisiones! Las mulas se crean al cruzar un caballo con un burro. Se parecen a los burros, pero son más oscuras. También se les puede equipar con un cofre. No se puede montar en burro o en mula.

Con un cofre, haz clic derecho en un burro o una mula adiestrados. Podrán cargar con 15 objetos en el inventario.

Jugar con cerdos

¡Se puede montar en cerdo! Fabrica una caña con zanahoria (a partir de una zanahoria y una caña de pescar nueva), ensíllalo y... ¡sube! Dirige al cerdo con la zanahoria. A la larga, el cerdo se la comerá y dejarás de controlarlo. ¡En el modo creativo se puede volar en cerdo! O puedes amarrar cualquier animal y volará contigo, pero tienes que aterrizar muy despacio. ¿Te atreves a despegar desde un precipicio? Precisamente, hay un logro llamado *Cuando los cerdos vuelen*. Tienes que montar en cerdo hasta el borde y hacer que salte, por ejemplo, golpeándolo; pero ten cuidado porque ambos pueden morir. Otro truco consiste en meter un cerdo en una vagoneta, ensillarlo y subirte en él. ¡Verás que la vagoneta adquiere más velocidad!

Para montar en cerdo, ensíllalo. Dirígelo con una zanahoria en una caña de pescar.

Granjas de animales

Cuando diseñes cercos para guardar animales, prepara un sistema de doble barrera. Añade un cerco exterior que forme un pasillo vallado con una entrada. Así, cuando se escape un animal (que suele ocurrir), seguirá encerrado dentro del recinto y te resultará más fácil devolverlo a su sitio. Si tienes gallinas, recuerda que pueden saltar vallas de un bloque de altura, así que tendrás que hacerlas más altas o ahondar el gallinero un nivel.

Para los rediles, instala una doble barrera. Si un animal se escapa de su sitio, la segunda barrera le impedirá huir.

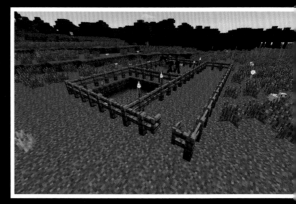

Más consejos sobre animales

- Los calamares no se pueden criar, pero al matarlos te dan sacos de tinta negra, que sirven de tinte.

- Da la impresión de que los murciélagos no sirven para nada, ni siquiera como comida, pero emiten un chillido. Si estás cavando una mina y lo oyes, es que hay una cueva cerca.

- No mates a todos los animales de un grupo: las criaturas amistosas no vuelven a aparecer y dispondrás de menos recursos animales. Como mínimo deja una pareja para que se reproduzca o llévala a tu criadero.

- Si matas una oveja, esta soltará lana, pero no carne. De hecho, se gana más lana trasquilándola con unas tijeras. Luego, le volverá a crecer.

- Los huevos de gallina se pueden lanzar. ¡Y a veces nacen al instante!

CAPÍTULO 7

ALDEAS Y ALDEANOS

Al igual que las pirámides y las minas abandonadas, las aldeas y los aldeanos son una gran fuente de objetos poco comunes en Minecraft. Puedes intercambiar objetos con los aldeanos; buscar zanahorias y papas en las granjas, y libros en las bibliotecas; ¡y saquear algún cofre! Hay aldeas en los biomas de

Además de cabañas, casas y granjas, las aldeas tienen varios edificios especializados. Hay carnicerías, bibliotecas, herrerías e iglesias. Las carnicerías tienen mesas y mostradores de losas de piedra; las bibliotecas, librerías; las herrerías, hornos y un cofre; y las iglesias, un altar.

Carnicería, biblioteca, herrería e iglesia.

¡Ayuda a la aldea!

Las aldeas son peligrosas porque atraen a los zombis, que transforman a los habitantes en aldeanos zombis. Si juegas en el nivel difícil o extremo, incluso pueden echar abajo las puertas de madera. Los aldeanos zombis no pueden comerciar, pero te pueden matar. No se contagian deprisa y pueden morir fácilmente, pisando lava o cayendo a un pozo. En general, a las aldeas les puede costar mantener la población.

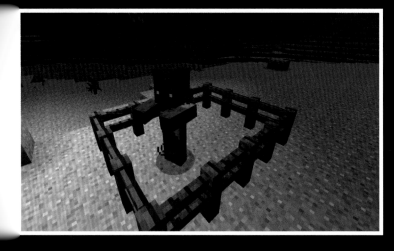

Para curar a un aldeano zombi, aíslalo, échale la poción de debilidad y dale una manzana dorada.
Se agitará durante unos minutos hasta recuperarse.

Cómo ayudar a salvar una aldea

- Duerme dentro en cuanto anochezca. Al dormir, el juego cambia la hora al amanecer. Por tanto, te «saltas» la noche y la oscuridad que permite que aparezcan las criaturas. Así aparecen menos zombis. Por la mañana, mátalos.

- Cerca la aldea. También puedes encerrar a los aldeanos en sus casas, mientras tanto, para mantenerlos a salvo.

- Quita las escaleras delante de las puertas, sustituye las puertas rotas y asegúrate de que estén bien colocadas. (Pero no añadas una puerta a la herrería porque, por la forma en que está diseñada, confunde a los aldeanos y hace que se reúnan fuera.)

- Ilumina las afueras de la aldea para evitar que aparezcan criaturas.

- Elimina los peligros: cactus cercanos, charcos de lava y cuevas de donde salen criaturas.

- Si puedes, cura a los aldeanos zombis salpicándolos con la poción de debilidad y dándoles manzanas doradas. Tardan en curarse, así que procura que estén aislados y no puedan herir a otros aldeanos mientras tanto.

- También puedes proteger a los aldeanos con gólems de hierro, y construir casas nuevas para aumentar la población y las probabilidades de supervivencia.

Gólems de hierro

Los gólems de hierro solo aparecen de forma natural si la aldea tiene 10 aldeanos y 21 casas. Si la aldea no tiene, fabrica uno. Puedes crearlo con una calabaza normal o iluminada por cabeza y cuatro bloques de hierro en forma de T apoyados en el suelo (no en la mesa de trabajo). Protegen solo a los aldeanos, y si no están en una aldea, se ponen a deambular. Puedes cercarlos o ponerles unas riendas para que te sigan.

Comercio

Los aldeanos ofrecen cosas distintas según su oficio. Generalmente, se compra con esmeraldas o se venden cosas a cambio de ellas. La primera vez que comercies con un aldeano, solo verás una oferta. Habrá ofertas nuevas cuando hayas comprado el último objeto de la lista y tengas el inventario cerrado. Entonces, verás puntitos verdes y morados sobre su cabeza.

Si un aldeano tiene una oferta nueva, tendrá puntitos verdes y morados encima.

Hay cientos de ofertas y gangas. Generalmente, los objetos de especialización que venden los granjeros (aldeanos con guantes cafés) son encendedores, tijeras y flechas; los carniceros (llevan un delantal blanco), armaduras y monturas de cuero; y los herreros (con delantal blanco), productos de hierro y diamante, y cotas de malla. Los sacerdotes (ropa morada) venden ojos de *enderman*, piedras luminosas, frascos con experiencia y *redstone*; y los libreros (ropa blanca), libros encantados, libreros, relojes y brújulas. Los sacerdotes también encantan objetos por un costo. Pueden encantar armaduras de hierro y diamante. Para empezar a comerciar, cosecha trigo. Cambia trigo por esmeraldas a un granjero y úsalas para comprar otras cosas.

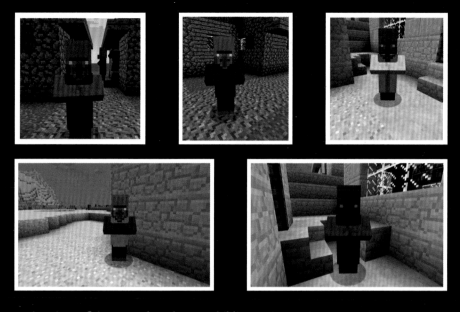

Los cinco oficios: sacerdote, herrero, bibliotecario, carnicero y granjero.

Aumenta la población

Añade casas nuevas a la aldea. Para que el programa de Minecraft reconozca que has construido una, debe haber una puerta nueva. Para que la puerta cuente como una casa, se comprueba si hay un techo a un lado de la puerta. Mientras las reglas se cumplan, puedes construir casas a tu antojo. Tal y como funciona el juego, puedes construirlas con solo una puerta y un bloque por techo. Esto es lo que calcula el programa: tras construir la puerta, mira los cinco espacios delante y detrás de esta para ver si hay bloques de techo. Esto es, cualquier bloque que impida el paso de la luz al suelo. Debe haber más bloques de techo en un lado de la puerta que en el otro. (O sea, que puedes hacer una casa con un bloque de tierra y una puerta, si no tienes recursos.) Finalmente, para valer debe estar situada cerca de un aldeano. Por cada 3.5 puertas nuevas, se creará un aldeano nuevo; así que para conseguir dos, pon 7. Para que nazcan niños, debe haber al menos dos aldeanos.

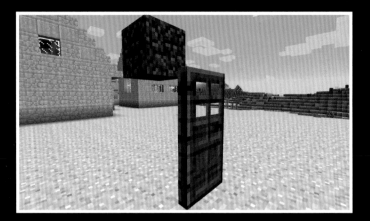

Una casa ha de tener como mínimo una puerta, y un techo de un bloque detrás.

¡Sé amable!

Cada aldea tiene su contador de popularidad. Empieza en 0 y puede subir hasta 10 o bajar hasta -30. Al aceptar la última oferta de un aldeano se añade un punto. Se restan puntos por atacar a un aldeano (-1), matarlo (-2), matar a un niño (-3) y matar al gólem de hierro (-5). Si tienes una puntuación de -15, este último te atacará.

Más consejos sobre aldeas

- Los asedios de zombis ocurren con más frecuencia en aldeas grandes de más de 40 habitantes.

- Las aldeas aparecen más a menudo en terrenos extraplanos y mundos creados con la opción de superbiomas.

- Los pozos de las aldeas son peligrosos para jugadores y aldeanos, y muy profundos para salir de ellos. Pon bloques en el fondo para evitar estas trampas mortales.

Poner bloques en el fondo de un pozo evitará que los aldeanos se ahoguen.

CAPÍTULO 8

CONSTRUCCIÓN

Tu casa de Minecraft puede ser desde un refugio temporal para tus exploraciones hasta una fortaleza enorme para protegerte de las criaturas. No hay una única forma de construir una casa: todo depende de tu estilo de juego y lo que quieres conseguir.

También hay muchos lugares buenos donde construirla. Hazla en un precipicio o una montaña, o construye una torre como puesto de vigilancia. Si lo haces en terreno llano, te resultará más fácil añadirle granjas y artilugios. Si necesitas refugiarte urgentemente, cava en una ladera. Incluso puedes aprovechar una cueva y ponerle paredes. Puedes construir una casa en un árbol o bajo el agua. Si quieres una casa bonita sin esfuerzo, piensa en hacerte con alguna de una aldea o incluso un templo. (Si te vas a una aldea, prepárate para luchar y defenderte de los zombis que buscan carne humana.)

No hay límites para construir una base en Minecraft. ¡Haz tu casa en un pantano o dale aspecto de árbol!

Una vez elegido el lugar, hay métodos para proteger tu edificio de las explosiones de los *creepers* y posibles ataques sorpresa de las arañas. Una cosa que hay que tener en cuenta es si, además de las criaturas, tus sistemas de defensa suponen un peligro para ti. ¡Imagina caer en tus propios fosos de cactus y lava! Tu casa estará más segura bajo tierra y bien iluminada, donde no aparecen monstruos.

Una forma bastante sencilla de defenderla es rodearla de un muro de tres bloques de altura. Este debería tener un saliente (usando losas) para impedir que las arañas lo salten, o una capa superior de cristal (que las arañas no pueden subir), y estar bien iluminado. La zona exterior del muro debe estar despejada, sin árboles o elevaciones donde las criaturas puedan subir para saltar.

Muro de tres bloques de altura con saliente para que las arañas no trepen por él.

Para rematarlo, haz un camino para atrapar a las criaturas suel-tas que se acerquen. Al otro lado del muro, cava varias zanjas de dos bloques de profundidad para que caigan dentro. Tras el muro, cava un túnel o una escalera de pozo para acceder a ellas. Debería estar en un nivel inferior a las zanjas. Haz un agujero de un bloque entre tu lado y el fondo de la zanja. A esto se le llama «buhera». Permite atacar a los pies de las criaturas atrapadas y recoger lo que sueltan.

Zanjas de dos bloques de profundidad fuera del muro para atrapar criaturas. Por dentro, haz una buhera para matarlas.

Más consejos sobre defensas

- Las arañas no pueden trepar por el cristal o las barras de hierro, y tampoco pueden saltar muros con saliente.

- El bloque más duro es la obsidiana. No le afectan las explosiones de los *creepers*. Si no te sobra, construye muros de roca de cinco bloques de altura y tres o cuatro de profundidad. Si tienes poca roca, haz un muro de un bloque de anchura y usa tierra o madera para reforzarlo por dentro y por fuera. Si no tienes nada, usa tierra o madera.

- Ilumina el techo para impedir que aparezcan criaturas allí. De hecho, ilumina todas las zonas para reducir las apariciones.

- Dado que los zombis rompen puertas de madera en los niveles difícil y extremo, usa puertas de hierro con botones.

- Salvo las arañas, las criaturas no pueden sortear zanjas de un bloque de anchura y dos de profundidad.

- Derrama agua en una zanja para arrastrarlas hasta una trampa o una salida.

- Los gólems de nieve rechazan a las criaturas con bolas de nieve, salvo los *endermen*, que se teletransportan; pero sin hacerles daño. Puedes construir una barricada alrededor de tu casa y llenarla de estos gólems, pero téchala para resguardarlos de la lluvia y vállala para que no salgan. (Además, se derriten en biomas cálidos, como los desiertos.) O puedes crear minitorres defensivas con uno dentro, de uno o dos bloques de altura. Para crear gólems de nieve, pon dos bloques de nieve (a partir de cuatro bolas de nieve cada uno) en vertical sobre el suelo y una calabaza encima. Ya que atacan a las criaturas hostiles, puedes usarlos para empujar criaturas hacia una trampa, como un foso de lava. Pueden recibir daño de los esqueletos y no atacan a los *creepers*.

- Además de lobos adiestrados, ten felinos para ahuyentar a los *creepers* y un gólem de hierro para defenderte.

- Sabiendo que los *endermen* se teletransportan, construye escondites dentro y fuera, de dos bloques de altura (o dos y medio contando el saliente), donde puedas refugiarte para pegarles.

¿Cómo de grande?

Tu casa no tiene por qué ser enorme. Lo más importante es que esté bien protegida para dormir y hacer tus cosas. Así que, para empezar, debe caber una cama, una mesa de trabajo, un horno y un cofre. Más adelante, querrás hacer sitio para una mesa de encantamientos, libreros y un soporte para pociones, además de más hornos y montones de cofres. Si haces muchas pociones, te irá bien un pozo de 2 × 2 de donde sacar agua.

Probablemente, lo más importante sea tener cofres. Si cavas, cultivas y construyes mucho, acabarás sin espacio donde guardarlo todo. Una forma de organizarse para que luego sea fácil encontrar las cosas es guardar los objetos por tipo o categoría en cofres separados. Por ejemplo, un cofre para las menas y los metales especiales, otro para los materiales de construcción (roca, vallas) y otro para las plantas. Puedes colocar cofres en vertical contra un muro y añadir carteles para etiquetarlos. (Puedes escribir cuatro líneas de texto en cada uno. Para desplazarte, usa las teclas de arriba y abajo.)

Aprovecha el espacio poniendo cofres en la casa y carteles para saber el contenido.

Expansión

Además de un refugio, durante tu expansión irás añadiendo otro tipo de estructuras a tu base: una sala para colocar los mapas, un puerto para atracar las barcas y pescar, granjas, y una atalaya o torre de vigilancia. Para mayor defensa, puedes rodear la base de un muro enorme de piedra. Es útil tener una granja de criaturas cerca que las atrape y las mate por ti, y tú solo tengas que recoger los objetos. Como las criaturas aparecen al menos a 24 bloques de distancia de ti, tendrás que construirla a tal distancia de tu posición habitual... ¡o en el aire!

Refugios de emergencia

A veces necesitas improvisar un refugio para la noche. Puedes cavar una montaña y cerrarla. También puedes cavar un hoyo de tres bloques, meterte y cubrirlo de tierra. O crear una columna de 15 bloques de tierra o grava (fuera del alcance de las flechas de los esqueletos), y quedarte arriba. Si llevas una cama, cava un hoyo o crea una plataforma donde quepa, para que puedas dormir durante la noche.

Construye una granja de criaturas sencilla

Las granjas de criaturas son muy conocidas en Minecraft. Algunas sirven para acumular experiencia, como la granja de zombis explicada en el capítulo 5. Consisten en encerrar criaturas en un sitio para poder matarlas y recoger los orbes de experiencia. Otras sirven para matar criaturas automáticamente, que soltarán objetos, pero no experiencia. A estas se las llama «trituradoras» de criaturas. El tiempo que tardan desde generar a las criaturas hasta matarlas depende de algunos factores del juego, como las condiciones en que aparece una criatura. Por ejemplo, los *endermen* solo aparecen en zonas de tres bloques de altura. Los jugadores han ideado cientos de granjas y trituradoras diferentes. Una de las granjas más sencillas consiste en crear una caja de roca a 28 bloques de altura. (Es la más fiable y fácil si estás en el modo creativo.) El motivo de tal altura es que las criaturas aparecen al menos a 24 bloques de ti. Esta granja además tiene una caída larga para matarlos.

(a) Construye un suelo de 20×20, a 28 bloques de altura. Será la base de la cámara generadora.

(b) Crea una zanja de dos bloques de ancho y dos de profundidad, que vaya desde el centro de un lateral hasta el opuesto, a un bloque del borde. Cava otra idéntica en cruz.

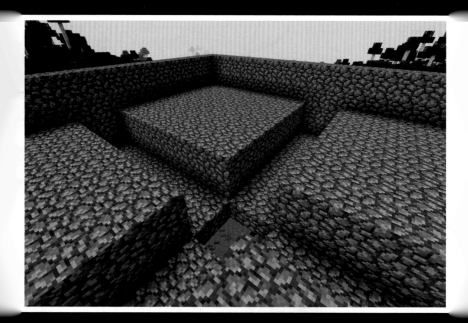

Construcción parcial. Las zanjas que atraviesan la cámara generadora deberían tener

(c) Donde se cruzan las dos zanjas, cava un agujero de 2 × 2. (Puedes colocar carteles, si tienes, en los bordes. A ojos de las criaturas, los carteles son bloques. De esta forma, pisan donde hay un hueco vacío y caen.)

(d) En cada uno de los cuatro extremos de las zanjas, derrama agua en las dos esquinas que forman el suelo y la pared para que la corriente circule por las zanjas hacia el centro. Puesto que estas tienen ocho bloques de longitud, el agua se detendrá al borde del agujero. Arrastrará a las criaturas y estas caerán por allí. La caída hasta el suelo (donde pondrás tolvas y cofres para recoger los objetos) las matará.

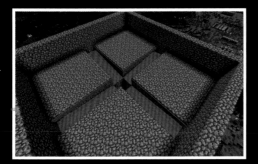

Solo falta tapar la cámara generadora.

(e) Levanta paredes de tres bloques de altura alrededor de la base. Pon un techo de forma que el interior solo tenga dos bloques de altura.

(f) Para calcular el punto de recogida de objetos, construye un muro de 2 × 2 hacia abajo desde uno de los bordes del agujero.

(g) Coloca dos cofres donde acaba el muro y dos tolvas encima de ellos, usando Mayús. y haciendo clic derecho. Delante de estas, pon otras dos. Las cuatro tolvas tienen que estar justo debajo del agujero de 2×2 de la cámara generadora. Coloca cuatro losas encima de ellas pulsando Mayús. y haciendo clic derecho.

En el suelo, justo debajo del agujero de 4 × 4 de la cámara generadora, coloca dos cofres con cuatro tolvas encima.

(h) Ahora construye el resto del conducto hasta el agujero de arriba. Para ver cómo caen las criaturas y mueren, termínalo con bloques de cristal.

Granja de criaturas terminada, incluido el conducto. Puedes poner cristal al final para ver cómo se despanzurran las criaturas. Cuando vayan cayendo, haz clic en los cofres para recoger los objetos.

Las granjas pueden ser sumamente complejas y hay muchos ejemplos y tutoriales en Internet y en YouTube. Una muy famosa es la granja automática. Con pistones, *redstone* y, a menudo, agua, los cultivos se cosechan solos.

Cultivar es el mejor método en Minecraft para asegurarte de tener una fuente constante de comida. Una granja te permite invertir el tiempo que pasas cazando y recolectando en cavar, explorar y construir. ¡Y cultivar también es divertido! Cuando hayas plantado las semillas y estas crezcan, la cosecha te proporcionará semillas o brotes suficientes para que sigas sembrando. Aunque el trigo es el más importante porque a partir de él se hace pan, prueba todos los tipos de semilla. Puedes sembrar zanahorias, papas, sandías, calabazas y semillas de cacao de la misma forma que el trigo. Tardan dos o tres días en terminar de crecer. Cuando el cultivo está maduro, puedes esperar cuanto quieras para cosecharlo. Cuando planifiques una granja, elige una zona lo más llana posible y usa una pala para allanar el terreno. Construye un cobertizo para tener cerca una mesa de trabajo y un cofre con suministros agrícolas, como azadas y semillas.

Dónde encontrar semillas

Trigo

Rompe la hierba alta para recoger semillas de trigo. Se usa para fabricar pan, galletas y tartas, pero también sirve para atraer y criar gallinas y vacas (¡y champiñacas!).

Zanahorias y papas

Hay zanahorias y papas en las granjas de las aldeas. A veces las sueltan los zombis.

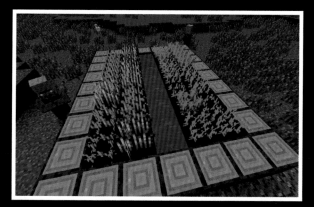

Hay zanahorias y papas en
las granjas de las aldeas.

Son semillas en sí mismas: solo hay que plantar el objeto y re-plantar la cosecha. Ten cuidado con las papas: de vez en cuando brotan papas venenosas. Tienen manchas verdes, son un poco más pequeñas de lo normal y te envenenarán si las comes. No se pueden cocinar o sembrar.

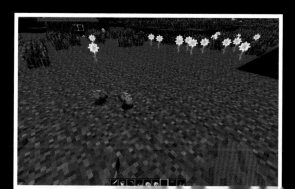

Papa venenosa
(izquierda) y papa sana
(derecha).

Semillas de sandía y calabaza

Hay semillas en los cofres de las minas abandonadas. También puedes comprárselas a aldeanos, o buscar sandías y melones silvestres. Las sandías crecen en la jungla, mientras que las calabazas crecen en muchos biomas. Cuando las siembras, primero crece un tallo y luego aparece el fruto en un bloque adyacente.

Las calabazas crecen en muchos biomas; pero las sandías, solo en la jungla. También hay en cofres de las mazmorras.

Las semillas se siembran en tierras de cultivo. Asegúrate de que hay hierba, tierra u otros bloques de tierra de cultivo cerca. En la cosecha recoge solo el fruto: ¡deja el tallo para que crezcan más! El polvo de hueso no sirve para que maduren del todo, pero sí para que crezca el tallo. Para cultivar la máxima cantidad de sandías y calabazas, asegúrate de que el bloque del tallo esté regado; y los cuatro de alrededor, vacíos.

Anda con cuidado por la granja. Las tierras de cultivo pueden volverse tierra al pisarlas y es muy fácil hacerlo sin querer. Crea pasillos de roca entre las filas de cultivos para moverte, y valla la granja para evitar que nadie la pise. También se puede caminar de puntillas por la tierra de cultivo sin destrozarla: ¡pulsa Mayús. mientras recoges la cosecha! O puedes elevar el suelo colocando bloques de tierra y sembrando en lo alto.

Un plantío elevado evitará que pises la tierra de cultivo.

Más rápido y mejor

Para que los cultivos crezcan lo más rápido posible, la tierra de cultivo debe estar regada y tener luz durante la noche. Para regarla, debe haber una fuente de agua a menos de cuatro bloques de distancia. Si no tienes un cubo para transportar agua, siembra cerca de una charca. Una táctica básica es crear un área de tierra de cultivo de 9 x 9 con el centro hueco y lleno de agua. Así, cada bloque estará a menos de cuatro bloques del agua. Los cultivos crecen más rápido si se plantan cerca de otros tipos. No hay que sembrar cada cultivo al lado de uno distinto: con formar filas contiguas de cultivos diferentes es suficiente.

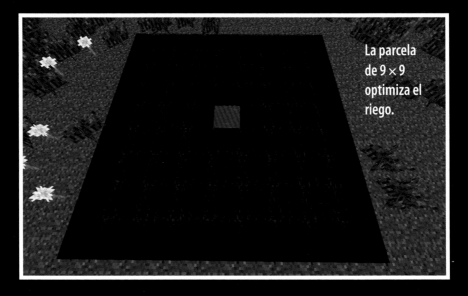

La parcela de 9 × 9 optimiza el riego.

Los cultivos tardan en madurar tres días de Minecraft. Puedes hacer que tarden menos si riegas el suelo, distribuyes las filas en cultivos diferentes, dejas el borde exterior de la parcela vacío y regado, e iluminas las plantas durante la noche poniendo antorchas en la cerca.

Si tienes hierro, puedes fabricar un cubo a partir de tres lingotes. Para sacar agua de un río, un lago o un mar, haz clic derecho en el agua con el cubo. Para crear un suministro inagotable de agua, haz lo siguiente: cava un hoyo de 2 × 2 de un bloque de profundidad, y llena de agua dos rincones opuestos. ¡Ahora puedes llenar el cubo todas las veces que quieras!

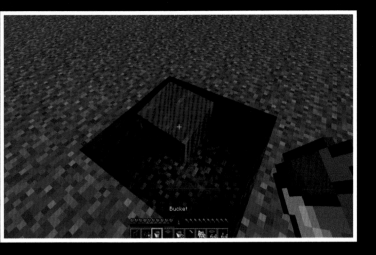

Para tener agua siempre, viértela en dos rincones opuestos de un agujero de 2 × 2.

Cerca de casa

Tal y como está diseñada la memoria de Minecraft, si te alejas demasiado de casa, el crecimiento de tus cultivos se frena. Así que para que crezcan más rápido, mantente a menos de 100 bloques de tu granja.

¿Cuándo se cosecha?

El trigo está listo cuando las puntas se vuelven color café; y las zanahorias, cuando asoman las cabezas naranja. Las papas están maduras cuando asoman las cabezas cafés. Las sandías o las calabazas están listas en cuanto el bloque del fruto aparece en un bloque adyacente.

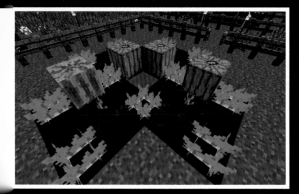

Cuando
calabaza
tallo, pu

Granja de caña de azúcar

A partir de la caña de azúcar se elaboran tartas s
calabaza, pero también sirve para fabricar el pape
libros, ojos de araña fermentados y la poción de ra
do tengas una casa, lo ideal sería tener una granja
azúcar como suministro para fabricar todo esto. E
puedes encontrar caña de azúcar en las orillas.

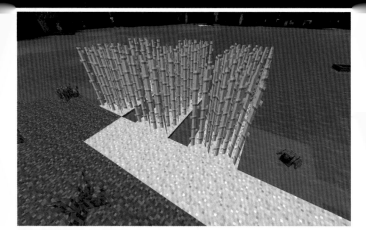

Dado que no tiene semillas, tendrás que recoger los bloques de caña de azúcar y sembrarlos. Estos crecen en arena, hierba o tierra, y el bloque tiene que tocar el agua, como mínimo, en uno de los lados. Una forma fácil de cultivarla es sembrar filas de dos bloques de anchura en una charca y dejar un bloque de charca entre ellas. De esta forma, cada bloque de caña de azúcar estará pegado al agua. La caña de azúcar crece lentamente hasta solo tres bloques de altura, aunque las cañas silvestres crecen más. Al cosecharla, rompe el segundo bloque de caña de azúcar para que el segundo y el tercero caigan, y puedas cosecharlos. Así, el bloque inferior podrá crecer de nuevo.

Granja de semillas de cacao

Las semillas de cacao crecen en vainas de árboles de la jungla. Al romper una vaina obtienes varias semillas. Para sembrarlas, coloca bloques de madera de jungla (no necesariamente un árbol) con las semillas en un lado. No coseches las vainas hasta que maduren y tengan un color anaranjado. Las verdes solo dan una semilla, mientras que las maduras dan dos o tres. El cacao sirve para teñir de café la arcilla teñida, el cristal y la lana, y para hacer galletas y estrellas de fuegos artificiales.

Siembra cacao en bloques de madera de jungla.

CAPÍTULO 10

COMIDA Y PESCA

Si juegas en el modo supervivencia y en cualquier nivel de dificultad superior al pacífico, tendrás que evitar pasar hambre porque, si tienes demasiada, perderás puntos de salud. (Sin embargo, en los niveles fácil y normal, no morirás de inanición.) Tanto saltar como correr te provoca hambre. Si esta baja de 6, no puedes correr. Comer llena la barra de hambre y también ayuda a recuperar salud. Además, cuando tienes menos hambre, recuperas salud más rápido.

Punto de saturación

Además de la barra de hambre, también hay un medidor oculto llamado «saturación» que depende de lo que comes. La barra de hambre no baja hasta que la saturación llega a 0. Sabrás que está en 0 cuando la barra de hambre tiemble, y es entonces cuando empiezas a perder puntos de hambre. Cada tipo de alimento te da puntos de saturación y de hambre distintos. La carne cocida da más puntos de saturación. Los cuatro alimentos que dan más puntos de hambre son la tarta sencilla y la de calabaza, el filete y la papa cocida. Los que dan más puntos de saturación son la zanahoria dorada, la chuleta de cerdo cocida, el filete y el salmón cocido. Finalmente, los mejores alimentos en general son la chuleta de cerdo cocido, el filete, la zanahoria y la manzana doradas, y el salmón cocido.

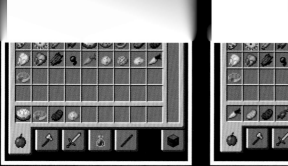

Alimentos para el hambre.   Alimentos para la saturación.

Alimentos para el hambre y la saturación.

Ventajas de intoxicarse

En una emergencia, puedes comer pollo crudo, carne podrida o incluso ojos de araña. Te provocarán una intoxicación, pero te recuperarás si tienes salud. Si bebes leche de vaca, te recuperarás antes. Comerse un ojo de araña hace cuatro puntos de daño, pero si estás desesperado y necesitas puntos de hambre para curarte, puede ser una buena solución.

Cocina y caza

Puedes cocinar la carne mientras matas al animal, prendiendo fuego al suelo que pisa con un encendedor antes de matarlo. El animal soltará carne cocida en lugar de cruda.

Quemar una vaca antes de matarla te dará un filete ya cocido.

Más consejos de alimentación

- Las tartas no se pueden comer si no están sobre un bloque.

- Varios pollos crudos te darán más puntos de hambre de los que te resta la intoxicación.

- Si comes en movimiento, vas más lento; pero puedes comer en una escalera sin que eso ocurra.

- Para ordeñar a una vaca, haz clic derecho en ella con un cubo.

- Las champiñacas dan estofado de champiñones en lugar de leche. Puedes ordeñarlas sosteniendo un cuenco y haciendo clic derecho en ellas.

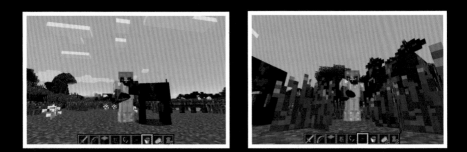

Haz clic derecho con un cubo vacío en una vaca y con un cuenco de madera en una

- Si sabes que vas a pelear, come alimentos de mayor valor: chuletas de cerdo, filetes y zanahorias y manzanas doradas. Llévatelos al combate también, para recuperarte del daño.

Pesca

¿Está lloviendo? Puedes dormir en la cama durante una tormenta... ¡aunque no sea de noche! O mejor aún: pescar. Hay más peces cuando llueve que cuando está despejado. Generalmente, se suele pescar un pez en menos de 40 segundos. Si llueve, las probabilidades aumentan en un 20 %.

Fabrica una caña de pescar a partir de palos e hilo, y haz clic derecho en el agua mientras la sujetas para lanzar el anzuelo. Observa la boya. Cuando un pez vaya a picar, verás un rastro de burbujas. Cuando la boya se hunda, haz clic derecho para recoger el anzuelo y el pez. El pez saldrá volando, a veces por encima de ti, y caerá al suelo. A menudo volará hacia tu inventario.

Justo antes de morder el anzuelo, verás burbujas. Cuando la boya se hunda, hay un

A veces puedes pescar tesoros o utensilios con la caña de pescar. Los tesoros pueden ser monturas, nenúfares, etiquetas; arcos y cañas de pescar encantados, pero gastados; y libros encantados. Los utensilios pueden ser cuencos, cuero, sacos de tinta de calamar, botas de cuero, palos, hilos; arcos y cañas de pescar dañados; cuerdas trampa, frascos con agua y huesos. ¡A veces resultan útiles! Con una caña encantada tienes probabilidades de pescar más tesoros que utensilios.

Más que pesca

Puedes utilizar la caña de pescar para enganchar a otras entidades, como las criaturas. ¡Arrastra a un zombi a la lava! ¡Tira a un esqueleto por un precipicio! Engancharlos cuenta como un ataque y disminuirá la durabilidad de la caña. Sin embargo, no les hace daño.

Más consejos de pesca

- Una caña de pescar tiene 65 usos y después se rompe.
- Con una caña normal hay un 10 % de probabilidad de pescar utensilios y un 5 % de pescar tesoros.
- Las cañas pierden durabilidad cuando chocan contra un bloque sólido, bajo el agua o en tierra, o una entidad.

- Los *endermen* se teletransportarán si los enganchas, pero no se soltarán.

- Si necesitas comida desesperadamente, crea un charco de agua en un agujero de 2×2. Llénalo de agua con un cubo de tu inventario... ¡y a pescar!

- También se puede pescar en las cascadas.

Puedes crear tu propio charco de pesca o incluso pescar en una cascada.

- Puedes usar una caña de pescar para elevar a una criatura. Cuando caiga desde una altura suficiente, morirá.

- Pesca en una barca para que nadie te moleste.

- Puedes pescar en sitios cubiertos y bajo tierra, pero tardarás el doble de tiempo en atrapar peces.

- No tienes por qué quedarte totalmente quieto: puedes alejarte unos 35 bloques de la boya.

CAPÍTULO 11

ENCANTAMIENTOS Y POCIONES

Luchar con un arma encantada es una ventaja porque puede suponer la diferencia entre la vida y la muerte, y las herramientas encantadas te permiten recoger el doble de cosas en mitad de tiempo. Los encantamientos se pueden realizar de dos formas: usando una mesa de encantamientos o un yunque, o comerciando con el sacerdote de una aldea. Salvo en el caso del sacerdote, encantar cuesta puntos de experiencia (XP).

Si no es a través de un sacerdote, puedes encantar herramientas y armas en una mesa de encantamientos o un yunque.

Una experiencia encantadora

Los puntos de experiencia sirven para encantar y se obtienen (los orbes verdes y flotantes) tras hacer cosas como matar criaturas (que no sean crías, gólems, murciélagos ni aldeanos), extraer minerales (que no sean hierro ni oro), fundir y cocinar en el horno, pescar, comerciar y criar animales. Llenan la barra de experiencia; y cuando está completa, subes de nivel. Después tienes que volver a llenarla para subir al siguiente nivel. Por encima del nivel 15, la meta de experiencia de cada nivel aumenta. Los puntos de experiencia solo sirven para encantar y para el yunque. No olvides recoger todos los orbes que veas porque desaparecen a los cinco minutos.

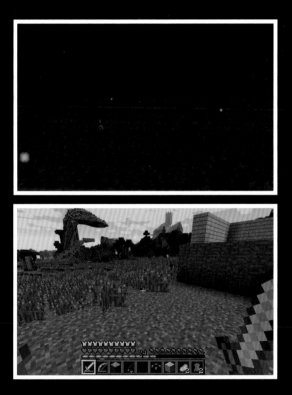

Los orbes verdes que aparecen tras hacer ciertas cosas, como matar, suman la experiencia necesaria para usar la mesa de encantamientos y el yunque. Esta barra de experiencia está en el nivel 74.

Encantamientos de sacerdotes

Puedes comerciar con el sacerdote de una aldea para encantar picos, hachas, petos y espadas. Tendrás que darle la herramienta sin encantar y pagarle con esmeraldas.

Pantalla de comercio y encantamiento del sacerdote. En la ranura de la derecha se puede ver el objeto que se va a encantar, con un aspecto brillante.

La mesa de encantamientos

Haz clic derecho en la mesa de encantamientos para abrir una pantalla donde hay una ranura para colocar un objeto y tres botones que muestran las opciones de encantamientos.

Cuando eliges un encantamiento en la mesa, no sabes exactamente qué encantamiento saldrá hasta quitar el objeto.

Cada opción muestra el número de niveles de experiencia que cuesta. Si tu barra dice que estás en el nivel 20 y el encantamiento cuesta dos, bajarás al nivel 18 tras hacer clic en el botón para encantar el objeto. Las ofertas son bastante aleatorias, salvo que no pueden entrar en conflicto con otros encantamientos del objeto. No sabrás qué encantamiento has comprado justo hasta recoger el objeto de la mesa. (Las escrituras o runas sobre los botones son palabras aleatorias que usan un alfabeto creado en un antiguo videojuego llamado Commander Keen. Lo que pone no afecta a tu elección o el encantamiento.)

Cuantos más libreros haya alrededor de la mesa de encantamientos, más potentes y costosas serán las ofertas. Puedes poner hasta 15 libreros alrededor. Debe haber un bloque de espacio entre estas y la mesa, y los libreros deben estar a la misma altura o un bloque por encima de la mesa. Si has colocado tantas que te has quedado sin XP con que comprar el nivel alto de los encantamientos, puedes desactivar el efecto colocando antorchas en la cara de cada librero que apunta a la mesa.

Para fortalecer la mesa de encantamientos, pon libreros alrededor de ella, a dos bloques de distancia. Verás los símbolos mágicos volando desde los libreros hasta la mesa.

Puedes desactivar el efecto potenciador de un librero poniendo una antorcha en él.

Con el yunque puedes hacer lo siguiente:

- Combinar dos objetos encantados para crear un tercero, sin daños y con ambos encantamientos. El de la ranura izquierda es el producto y el de la derecha es el «sacrificado». Los iniciales deben tener encantamientos compatibles. Si uno de los iniciales está dañado, el costo aumentará, pero el total no puede superar los 40 XP.

Si reparas dos objetos encantados en el yunque, estos deben ser compatibles.

- Encantar un objeto con el encantamiento de un libro encantado. El libro encantado va en la segunda ranura.

Puedes encantar un objeto con un libro encantado. Mueve el cursor sobre la ranura de la derecha para ver el resultado.

- Reparar un objeto con dos bloques de la materia prima de la que está hecho. La materia prima va en la segunda ranura.

- Renombrar un objeto. Un objeto renombrado cuesta menos XP al repararlo muchas veces. ¡Renombra tu pico favorito!

Haz clic derecho para abrir un yunque. Mostrará el inventario y habrá dos ranuras utilizables. El objeto que se va a reparar se coloca en la izquierda, y el idéntico (que se sacrificará) o la materia prima (como el hierro) en el centro. El objeto reparado aparece en la ranura de la derecha. La reparación cuesta puntos de experiencia. Un texto emergente muestra los encantamientos que tendrá el objeto reparado. Para ver la durabilidad, pulsa F3+H. Si los dos objetos colocados tienen encantamientos y estos son compatibles, el reparado recibirá ambos.

Consigue más experiencia

Se consiguen más puntos de experiencia por matar criaturas hostiles (especialmente las que llevan armadura), romper frascos con experiencia (que dan los sacerdotes de las aldeas) y destruir generadores de criaturas. Se consigue una cantidad enorme de puntos por matar al dragón del Fin (12.000 XP) y 50 por matar al *wither*. Se consiguen más rápido mediante las granjas de criaturas y por extraer cuarzo. También se pueden criar animales rápidamente, matándolos y cocinándolos al mismo tiempo.

- No repares un objeto encantado en la mesa de trabajo o perderá los encantamientos. Usa el yunque en su lugar.

- Las etiquetas se hallan en los cofres de mazmorras y pescando. Puedes renombrarlas en el yunque y ponérselas a una criatura.

- Si encantas libros (o los encuentras), puedes construir un librero encantado con diversos efectos. Luego, puedes elegir el encantamiento que quieres añadir a un objeto mediante el yunque.

- Puesto que los encantamientos desaparecen con el objeto, usa el yunque para reparar tu espada de diamante encantada favorita antes de que se rompa.

- Los yunques reciben daño cuanto más se usan. Desaparecen tras 24 usos.

Si un yunque tiene puntos en la superficie, es que está a punto de romperse.

- Un objeto solo puede tener un tipo de encantamiento defensivo y ofensivo a la vez, y nunca dos versiones del mismo encantamiento.

Pociones

Las pociones son muy potentes. Se preparan en un soporte para pociones a partir de ingredientes especiales. Otorgan un poder o capacidad especial, como respirar bajo el agua, resistir el fuego o moverse muy rápido durante un espacio de tiempo. Las brujas sueltan a veces pociones al morir, pero para tener una fuente fiable de pociones tendrás que hacerlas tú. Para ello, debes tener unos ingredientes que solo se pueden hallar en el Inframundo. Necesitarás una vara de *blaze* para fabricar el soporte. Para conseguirla, tendrás que matar una criatura llamada *blaze*, que vive en las fortalezas del Inframundo.

Además, la mayoría de las pociones requieren verrugas infernales. Hay alrededor de las escaleras de las fortalezas del Inframundo. Solo crecen en arena de almas, que también es del Inframundo, pero no necesitan luz ni agua. Puesto que necesitarás tener un suministro, crea tu propia granja llevándote verrugas y arena de almas cuando visites el Inframundo.

Necesitarás tener a mano el soporte para pociones, un suministro de agua, un horno para fabricar frascos de cristal y un suministro de verrugas infernales.

Para hacer pociones, haz clic derecho en el soporte.

Pociones primarias

Cuando hayas llenado los frascos con agua, mézclalos con otro ingrediente para obtener la base o poción primaria. Estas no sirven por sí solas, pero se mezclan con otros ingredientes para crear la poción definitiva. Añade verrugas infernales para la poción rara; polvo de piedra luminosa, para la espesa; y ojo de araña fermentado, para la de debilidad. Para la poción vulgar, hay que añadir uno de los siguientes: lágrimas de *ghast*, sandía reluciente, polvo de *blaze*, crema de magma, azúcar u ojo de araña. La *redstone* sirve para la poción vulgar (ampliación de tiempo).

Para elaborar una poción, coloca frascos de agua llenos en las tres ranuras inferiores y el ingrediente en la superior. Se puede usar un frasco, pero es más eficaz hacer tres a la vez.

Pociones secundarias

Cuando ya tienes la poción primaria, mézclala con otro ingrediente para obtener la secundaria y utilizable. La poción rara es la base de la mayoría de las pociones. Añade a esta crema de magma para obtener la de resistencia al fuego; sandía reluciente, para la de curación; zanahoria dorada, para la de visión nocturna; polvo de *blaze*, para la de fuerza; azúcar, para la de velocidad; y pez globo, para la de respiración acuática. Para obtener la de debilidad, añade el ojo de araña fermentado a cualquier poción base; y para la de veneno, añade un ojo de araña a la poción rara.

Pociones terciarias

Puedes elaborar pociones nuevas a partir de las secundarias. Añade pólvora a una poción para hacerla arrojadiza; piedra luminosa, para hacerla más potente (y a veces con menos duración); y *redstone*, para que el efecto dure el doble. Puedes usar el ojo de araña fermentado para «corromper el efecto» o invertirlo. Por ejemplo, añádelo a una poción de rapidez para obtener la de lentitud.

Más consejos sobre pociones

- Combina una poción con pólvora para hacerla arrojadiza y poder lanzarla a tus pies o los de las criaturas.

- Para usar una poción, haz clic derecho mientras la sujetas. Para ver cuál está activa, abre el inventario.

- Para ahorrar ingredientes, siempre incluye tres frascos. Uno vale para elaborar tres pociones.

- Puedes añadir un solo ingrediente a los tres tipos de pociones. Por ejemplo, puedes añadir pólvora a una de veneno, una de debilidad y una de daño a la vez.

- Al usar pólvora en una poción arrojadiza, esta se vuelve un 25 % menos potente y la botella adquiere forma redonda con anilla, parecida a una granada.

- Al tirar una poción ofensiva a un zombi o a un esqueleto, sucede lo contrario: se curan (¡porque son muertos vivientes, más que nada!). Arrójales una poción de curación en su lugar.

- Para llenar un frasco, sujétalo y haz clic derecho en el agua. Hacerlo en un caldero lleno de agua lo vaciará en un tercio, así que usa un suministro de agua de tu invención.

- El soporte de pociones mostrará el nombre de la poción resultante y su efecto cuando coloques una poción base y un ingrediente en las ranuras.

- Puesto que reunir los ingredientes es peligroso, usa encantamientos para potenciar tus habilidades. Cuando estés preparado para hacer excursiones al Inframundo, ¡lo estarás para hacer pociones!

CAPÍTULO 12

TODO SOBRE *REDSTONE*

Redstone es un mineral valioso en Minecraft que permite crear artilugios automáticos como puertas automáticas, elevadores, y granjas que cosechan el trigo solas.

La puerta de hierro es uno de los artilugios de *redstone* más simples. El dispositivo es la puerta y esta se activa (abre) mediante una señal de energía que emite la placa de presión de al lado.

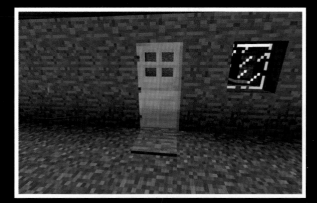

La *redstone* es como la electricidad. Consiste en una fuente de energía que se transmite a través de un circuito hasta un objeto o un dispositivo para hacer algo como abrir una puerta. Se necesitan como mínimo dos cosas: una fuente de energía de *redstone* y un dispositivo. También puede haber un tercer elemento para alargar la distancia de transmisión.

- **El dispositivo:** son objetos que reaccionan ante una señal de energía de *redstone*. Hay dispensadores (que expulsan objetos), puertas (que se pueden abrir a distancia) y pistones (que mueven bloques).

- **La fuente de energía:** para que el dispositivo reaccione, hay que activarlo con una fuente de energía. La señal proviene de un objeto especial hecho de *redstone* o que está diseñado para emitirla. La fuente se puede colocar junto al dispositivo para alimentarlo. Los tipos de fuentes pueden ser una antorcha de *redstone*, un botón y una palanca. Los dos últimos pueden parecer un tipo de dispositivo, pero en realidad emiten una señal de *redstone* que activa dispositivos.

- **Transmisión de energía:** para colocar la fuente de energía lejos del dispositivo, se pueden usar cables de *redstone* como conductores. Por ejemplo, puedes colocar una palanca a tres bloques de distancia de un pistón y conectar ambos con cables. La energía también viaja a través otros dos objetos: los comparadores y los repetidores.

Un artilugio sencillo: la puerta de hierro

La puerta de hierro es uno de los artilugios de *redstone* más sencillos. Solo se abre mediante una señal. Coloca una en una pared de tu casa. Pon una placa de presión justo delante. Para abrir la puerta, pisa la placa. Al hacerlo la fuente de energía —la placa de presión— emite una señal de *redstone* a la puerta. Esta —un dispositivo— está diseñada para reaccionar ante la señal abriéndose. Aunque, si la puerta es exterior, no utilices una placa de presión fuera. Una criatura podría pisarla sin querer y entrar en tu casa. En su lugar, pon un botón.

Hay muchos tipos de fuentes de energía, dispositivos y formas de modificar la energía que viaja por un circuito. Hay reglas especiales que rigen cómo funciona cada objeto. Son bastante complicadas y los artilugios de *redstone* son de lo más complejo que existe en Minecraft.

Una buena forma de aprender a trabajar con *redstone* es manipular máquinas, desde sencillas hasta complejas, en el modo creativo. En este modo tendrás acceso a todos los bloques sin tener que fabricarlos. Coloca una fuente de energía junto al dispositivo de activación, como una palanca junto a una puerta, y prueba. Busca tutoriales en Internet sobre la construcción de mecanismos de *redstone* para guiarte. Pero primero, veamos de qué elementos se componen y cómo funcionan.

Dispositivos

- **Dispensador:** un dispensador expulsa objetos al igual que un jugador los suelta. Sin embargo, si el objeto es un proyectil, lo disparará. Algunos también se activan (como cuando un jugador hace clic derecho en un objeto). Hay vagonetas (si hay un riel delante del dispensador), barcas (si hay agua), dinamita, polvo de hueso, encendedores, y cubos con agua y lava. Si los colocas en un dispensador, podrás obtenerlos cuando quieras. Por ejemplo, puedes llenar un foso de lava pulsando un botón, detonar dinamita desde lejos, ¡o desplegar una flota de vagonetas para tu montaña rusa desde la cabina de control!

- **Puertas:** hay puertas de hierro, de madera y de valla, y trampillas. La única que funciona con energía es la de hierro, pero también se pueden alimentar otras puertas. Las de valla se pueden abrir pulsando un botón (se cierran rápido al pasar para que no se cuelen los animales); y las del interior de tu casa, con placas de presión. ¡Hasta una trampilla puede servir para bajar de planta pulsando un interruptor!

- **Soltador:** estos sueltan los objetos que contienen al suelo o al recipiente de delante que tenga inventario, como una tolva o un cofre.

- **Tolva:** transfiere objetos entre recipientes, incluidos cofres y vagonetas. Puede transferir objetos de su pequeño inventario de cinco ranuras o de un recipiente superior, a recipientes colocados debajo. Alimentarla detiene la actividad.

- **Rieles para vagonetas:** hay rieles propulsores, activadores y detectores.

- **Bloque musical:** cuando recibe energía o un jugador hace clic en él, reproduce un fa sostenido. Un clic derecho aumenta un tono.

- **Pistón y pistón adhesivo:** cuando se alimenta, se despliega hasta ocupar dos bloques, empujando al de delante a un bloque de distancia. Los adhesivos además lo retraen. Sirven para todo tipo de invenciones, como puentes levadizos o puertas ocultas.

- **Lámpara de *redstone*:** se enciende con energía. Brilla un poco más que una antorcha y es más elegante.

- **Dinamita:** se puede detonar con energía.

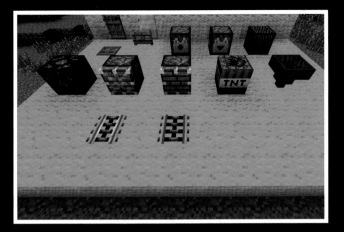

Tipos de dispositivos: puertas, tolvas, rieles propulsores y activadores, bloques musicales, pistones normales y adhesivos, lámparas y dinamita.

Fuentes de energía

Algunas fuentes de energía siempre están «encendidas» o transmitendo energía, y otras hay que activarlas como un interruptor. Proporcionan energía a sí mismas (el espacio del bloque donde están) y a los bloques adjuntos. Algunas también alimentan los bloques adjuntos. Hay botones, rieles detectores, palancas, placas de presión y ganchos de cuerda.

- **Antorcha de *redstone*:** emite energía constantemente, a sí misma y el bloque superior, en lugar del bloque adjunto. Sin embargo, si el bloque adjunto recibe energía o se enciende a causa de otro bloque, la antorcha de *redstone* se apagará.

- **Bloque de *redstone*:** al igual que la antorcha de *redstone*, siempre está encendido. En cambio, no se puede apagar. No emite energía al bloque superior, solo a sí mismo.

- **Palanca:** en la posición de «encendido» emite energía al bloque adjunto.

- **Botón:** pulsar un botón de piedra hace que este emita energía durante un segundo (un botón de madera, 1.5 segundos) a sí mismo y al bloque adjunto. Los de madera se pueden pulsar con flechas, que los mantienen oprimidos.

- **Placas de presión:** las de madera o piedra emiten energía durante un segundo o el tiempo que esté un objeto encima. Se activan por acción de los jugadores, las criaturas o una vagoneta con una criatura dentro. Las de madera también se pueden activar con flechas, cebos de pesca, vagonetas y objetos sueltos. Una placa de presión emite energía al bloque inferior.

- **Placas de presión por peso:** las de hierro y oro emiten una cantidad de energía que depende del peso de los objetos que las oprimen. Las de oro emiten menos energía por objeto que las de hierro.

- **Riel detector:** emite energía cuando hay una vagoneta encima. Normalmente sirven para cambiar las vías donde se sitúa la vagoneta.

- **Ganchos de cuerda:** dos ganchos emiten energía a los bloques adjuntos cuando la cuerda que los une se pisa o se tensa (por acción de un jugador, por ejemplo). Pueden estar separados hasta 40 bloques de distancia.

- **Cofre trampa:** se fabrica a partir de un gancho de cuerda y un cofre. Cuando se abre, emite una leve señal al bloque adjunto y a sí mismo.

- **Sensor de luz solar:** emite una cantidad de energía que depende de la cantidad de luz solar, así que rinde más al mediodía.

- **Recipientes:** los que tienen inventario, como los soportes para pociones, los cofres, los dispensadores, los soltadores, los hornos, las tolvas y los tocadiscos, emiten energía a un comparador. La señal es más potente cuantos más objetos contengan, en proporción a la cantidad total de almacenaje. Por tanto, uno con 27 ranuras, pero solo tres objetos, enviará una señal más débil que uno con cinco ranuras y tres objetos.

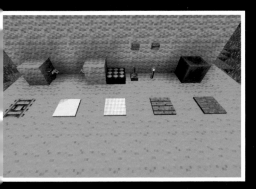

Las fuentes de energía de *redstone* emiten una señal a un dispositivo. Puede ser temporal, como un botón; o constante como una antorcha de *redstone*. Hay antorchas y bloques de *redstone*, palancas, botones, placas de presión normales y por carga, rieles detectores, sensores de luz solar y ganchos de cuerda

Transmisión de energía

Para conectar una fuente de energía que está a un bloque o más de distancia del dispositivo, tendrás que usar cables de *redstone*. Puedes modificar la señal de *redstone* mediante un repetidor o un comparador.

- **Cables de redstone:** transmiten energía desde una fuente a 15 bloques de distancia. La señal se debilita a medida que viaja. El cable lleva energía si está encendido y echa chispas. Proporciona energía al bloque inferior y al último bloque adjunto.

(La *redstone* «ocupa» el bloque superior al adjunto).

- **Repetidor de redstone:** permite que el cable de *redstone* lleve la señal más allá de 15 bloques. Aumenta la señal de energía hasta su potencia original y le permite viajar otros 15 bloques. También produce un retraso en la señal. Este pude variar de 1 a 4 segundos. La energía cruza un repetidor en una sola dirección, de atrás adelante, señalizado por un triángulo o una flecha borrosos.

- **Comparador:** se parece a un repetidor, pero funciona de forma diferente. Compara la señal que recibe por detrás con la señal que recibe por el lateral. (La parte delantera está señalizada igual que un repetidor: mediante una flecha.) Si la señal trasera es mayor que la lateral, envía la energía de la trasera adelante; si no, no enviará nada. También puede funcionar en modo «resta», que se activa haciendo clic derecho. De este modo, compara las dos señales, resta la cantidad de energía que recibe por el lateral y envía la diferencia adelante. Si la energía lateral es superior a la trasera, no envía nada.

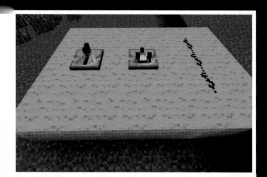

Para cambiar la señal transmitida, se usan cables de *redstone* (para llevar la señal por 15 bloques), repetidores de *redstone* (para alargar la distancia de transmisión) y comparadores (para modificar una señal en función de la recepción de otra).

La cronometración es la clave

Un factor importante de la construcción de artilugios comple-jos es que muchos bloques reaccionan con retrasos breves y cronometrados, llamados tics. Por ejemplo, una antorcha de *redstone* tarda un tic (0.1 segundos) en apagarse. Por tanto, una máquina compleja podría no funcionar como se espera-ba por haber demasiados retrasos. Debes cronometrar bien y, si tienes problemas, puedes buscar información en Internet para investigar las funciones avanzadas y los efectos colatera-les de los objetos. Las máquinas y circuitos de *redstone*, al igual que la electrónica, pueden llegar a niveles muy avanzados. Hay información disponible en Internet, por ejemplo, en la wiki de Minecraft de minecraft-es.gamepedia.com.

Bloques alimentados

La mayoría de los bloques opacos, como la roca, son conduc-tores. La energía no circula entre bloques adyacentes, pero un bloque sí activa un dispositivo adjunto. Así funciona el botón de un bloque junto a una puerta de hierro. Los bloques transparen-tes, como el cristal o las hojas, no suelen ser conductores.

Puertas de pistones y roca

Los pistones normales y adhesivos se utilizan en muchos ar-tilugios porque mueven el bloque que tienen justo delante. Se usan en artilugios para cosechar cultivos, matar criaturas, mover elevadores y abrir puertas automáticas. Sigue estos pasos para crear un conjunto de puertas automáticas de pistones.

(a) Coloca cuatro bloques de roca, dos a lo ancho y dos a lo alto, para crear la puerta doble.

(b) A cada lado de la puerta y a un bloque de distancia, coloca dos pistones adhesivos, uno encima del otro. (Cuando colocas un pistón, la losa móvil apunta hacia ti.)

Crea una puerta doble a partir de cuatro bloques de roca. Añade dos conjuntos de dos pistones adhesivos a cada lado y a un bloque de distancia.

(c) Coloca una antorcha de *redstone* con un bloque de roca encima, detrás de los dos conjuntos de pistones adhesivos. La antorcha activa el pistón inferior. También emite energía a la roca superior, que activa el pistón adhesivo del mismo nivel.

Emite energía a los pistones. El inferior se activa por la antorcha de *redstone*; el superior, por la señal de la misma, que atraviesa el bloque de roca arriba de la antorcha.

Estos tres pasos dejan la puerta de pistones cerrada porque la energía de la antorcha de *redstone*, que siempre está encendida, mantiene los pistones extendidos. Pero, obviamente, ¡hay que abrirla para cruzarla! Por lo que hay que cortar la energía que activa los pistones. Por suerte, cuando una antorcha de *redstone* recibe energía, ¡se apaga! Para ello, puedes usar placas de presión que emitirán energía a través de un circuito de *redstone* hasta las antorchas. Las cuatro placas de presión (dos a cada lado de la puerta) se colocarán a dos bloques de distancia de la puerta.

(d) Cava dos zanjas de dos bloques de profundidad a cada lado para conectar un lado de las antorchas a las placas de presión, y deja un bloque como peldaño para poder alcanzarlas. El motivo es que el cable de *redstone* no puede trepar más de un bloque a la vez, así que se usan peldaños para elevarlo. La zanja tiene dos bloques de profundidad porque la *redstone* no funciona si no hay espacio libre encima. (Puedes usar losas en lugar de bloques para taparla, ya que deja el espacio necesario.)

(e) Una vez hechas las zanjas, extiende un cable de *redstone* encima, de un extremo a otro.

Cava zanjas para extender un cable de *redstone* de un extremo a otro.

(f) A cada lado de la puerta, sustituye los bloques vacíos justo delante de esta por madera u otro material de suelo, y coloca las placas de presión encima.

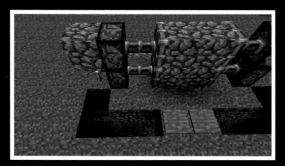

Añade bloques de tierra delante de las puertas y ponles placas de presión.

Ahora se puede cruzar la puerta. Al pisar las placas de presión, la energía circula por el cable de *redstone* bajo tierra hasta los pistones adhesivos y los apaga. Entonces, se abre la puerta. Tras cruzarla, las placas de presión vuelven a su posición original y las puertas se cierran. Ahora puedes tapar las zanjas y el circuito de *redstone* con los bloques que quieras. Recuerda que debes dejar un espacio libre encima de cada bloque que tenga cables de *redstone*. Si el cable viaja por el lateral de un bloque, es la cara superior la que necesita un espacio libre encima.

Esta es la puerta ya terminada, con los mecanismos de apertura tapados.

FERROCARRILES

Si necesitas transportar cargamentos de las minas a tu casa, o si quieres visitar deprisa las aldeas que vayas salvando, los ferrocarriles con vagoneta son la mejor forma de impulsar tus viajes. Salvo el caballo (y el vuelo del modo creativo), no hay manera más rápida de moverse. Puedes construirlos para subir, rodear o atravesar las montañas, bajar al fondo de las minas, cruzar lagos y apearte en las paradas que establezcas. Pero no estarás a salvo de las criaturas mientras tanto. Incluso una oveja podría cruzarse y hacerte descarrilar. Los ferrocarriles son más seguros bajo tierra, en pasillos iluminados donde no aparecen criaturas, o elevados. Si vas a construir uno elevado, ilumínalo bien y aléjalo de los árboles u otros bloques desde donde puedan saltar las criaturas.

Construye un ferrocarril para evitar criaturas, pero... ¡ilumínalo bien!

Tipos de vagonetas

Además de la vagoneta normal donde subirse, puedes crear una vagoneta propulsada (con un horno), que puede empujar a otras delante de ella; una de almacenaje (con un cofre) y una con tolva. La vagoneta con tolva recoge objetos de las vías o puede transportar los de otros recipientes. Las vagonetas no se pueden unir, pero empujan a las de delante.

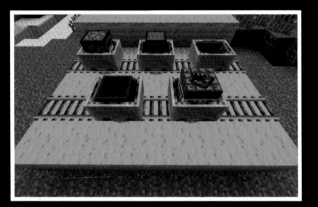

Igual que la vagoneta sencilla donde montarse, hay vagonetas propulsadas, de almacenaje, con tolva y con dinamita.

Tipos de raíles

Además de los rieles normales, hay tres tipos que realizan tareas específicas:

- **Rieles propulsores:** actívalos con una antorcha de *redstone* o detendrán la vagoneta. Una antorcha activa el riel propulsor adjunto y hasta los ocho siguientes. También pueden activarse con rieles detectores, cables de *redstone* cargados o colocándolos en un bloque de *redstone*.

- **Rieles detectores:** son como placas de presión. Cuando la vagoneta los pisa, emiten energía a los bloques cercanos. Sirven para activar rieles propulsores, bloques musicales en señal de advertencia, o dispensadores para que suelten objetos o disparen flechas, o para girar en una bifurcación.

- **Rieles activadores:** cuando les llega energía, pueden activar o desactivar una vagoneta con tolva, o activar una con dinamita.

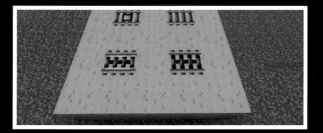

Los cuatro tipos de rieles: normales, propulsores, detectores y activadores.

Sistema ferroviario sencillo

Se puede construir un sistema monorriel con paradas intermedias y finales. Impulsa la salida del ferrocarril cavando un agujero de 2 × 1 y usando rieles propulsores. El último riel del final debería tener un botón para ponerlo en marcha.

La parada de final de trayecto tiene dos rieles propulsores y un botón conectado al último riel.

Para las paradas intermedias, cava un hoyo de 2×1 que tenga dos rieles propulsores dentro, también conectados a un botón. La vagoneta se detendrá y puedes ponerla en marcha en el mismo sentido pulsando el botón.

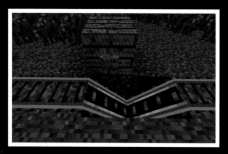

La parada intermedia más sencilla tiene dos rieles propulsores y un botón.

Otra parada intermedia sencilla utiliza una plataforma elevada de 2×1 con rieles normales en lo alto. En cada extremo de la plataforma, coloca dos rieles propulsores conectados a la plataforma; y junto a ellos, rieles detectores. Conecta los botones con cables de *redstone* a las dos rampas de rieles propulsores. Los rieles detectores impulsan el movimiento para subir a la plataforma y los botones te impulsan hacia delante. (Si el botón no funciona, comprueba que estás sobre la rampa con riel propulsor. Puedes ajustar tu posición pulsando W brevemente.)

Esta parada intermedia tiene una plataforma, cuatro rieles propulsores, dos detectores y dos botones. Aquí los botones están conectados a los propulsores mediante cables de *redstone*.

Montañas rusas

Construye una magnífica montaña rusa usando roca, madera u otros bloques para sujetar los rieles. Coloca rieles en las rampas y añade bastantes rieles propulsores para que la vagoneta suba las cuestas. Termina la montaña rusa en el punto inicial. Para construir una parada sencilla, coloca dos rieles propulsores, el primero en un bloque de bajada y el segundo en uno horizontal. Coloca un botón en una pared junto al bloque descendiente. Cuando la vagoneta llegue a él, frenará. Puedes ponerla en marcha pulsando el botón. (Debes estar sobre el bloque descendiente mientras lo pulsas.)

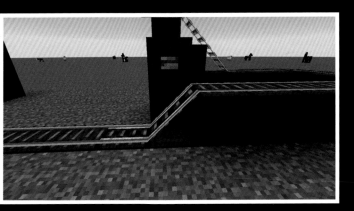

El tipo de parada de esta montaña rusa conecta un botón al riel propulsor de la rampa.

Hay dos reglas básicas para entender cómo un riel propulsor alimentado pone en marcha una vagoneta parada.

(1) Si hay un bloque en un extremo del riel propulsor, la vagoneta se moverá en el sentido contrario.

(2) Si el riel propulsor está en una rampa, la vagoneta irá en el sentido del descenso.

Los rieles no solo sirven para transportar menas. Construye una montaña rusa hasta el cielo.

¡A toda marcha!

Algunos jugadores han medido la velocidad y los efectos de los rieles propulsores. Así que para ir a la velocidad máxima en horizontal (en una vagoneta llena), se debe colocar un riel propulsor cada 34 bloques. Otros dicen que hay que poner dos cada 37 bloques. Para subir una cuesta, se pone uno cada cuatro bloques, y cada siete bloques si la vagoneta va vacía. En una cuesta, colócalos cada dos bloques si va llena, y cada bloque si va vacía.

Más consejos sobre rieles

- Las vagonetas se mueven más rápido cuando el jugador va subido que cuando están vacías.

- Usa un pico para romper los rieles más rápido.

- De vez en cuando un riel curvo colocado correctamente parecerá que cambia de dirección de forma incorrecta. Pruébalo con una vagoneta para ver si funciona.

- La vagoneta viajará más rápido en rieles «diagonales»: aquellos que van en zigzag continuamente.

Curvar rieles en zigzag sobre cada bloque forma rieles en diagonal. La vagoneta viaja en línea recta por la diagonal y a mayor velocidad.

- En los cruces de vías que no son en zigzag, la vagoneta siempre tomará la dirección del descenso. Si las vías están al mismo nivel, entonces girará hacia el sur o el este.

- También se puede meter dinamita en una vagoneta y detonarla con un riel activador conectado, fuego, lava, chocándola o tras una caída de tres bloques.

- Solo los rieles normales pueden formar curvas o bifurcaciones.

- No se pueden poner rieles propulsores en curvas.

IDEAS CREATIVAS

El bloque es la unidad básica de construcción en Minecraft, y estos están diseñados para apilarlos, combinarlos y cambiarlos de sitio de infinitas maneras para crear lo que se te ocurra. Además de construir dispositivos, artilugios, ferrocarriles, ropa, herramientas y otras cosas útiles, puedes usar los bloques para desatar tu creatividad. Crea imágenes pixeladas y bidimensionales con los bloques de colores de Minecraft.

Crea imágenes pixeladas con los bloques de colores.

Construye la versión de Minecraft de tu propia casa, crea un castillo medieval o esculpe a Godzilla en una montaña. Los jugadores han construido (solos o en equipo) modelos increíbles de palacios, ciudades y monumentos nacionales reales, desde el Empire State hasta el Taj Mahal. ¡Si te gusta construir, hay montones de cosas para hacer!

Tu primera casa de Minecraft probablemente fuese una casilla o un agujero en una montaña. Pero si tienes vocación de arquitecto, no hay límites para construir casas y edificios de diversos estilos y tamaños, gracias a las texturas y los materiales de los bloques del juego. Para mejorar el diseño de tu casa:

- Usa dos tipos de bloques contrastantes para la estructura principal. Usa uno para las esquinas y los bordes como detalle. Para conseguir un aspecto moderno, prueba la piedra (no la roca) con maderas claras. Para un aspecto rústico, usa roca y madera. Mezcla maderas claras y oscuras, tratadas y sin tratar. Da color a las paredes con arcilla teñida, por ejemplo, de verde; y combínala con arenisca.

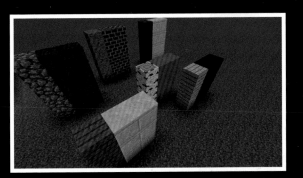

Un método para realzar tu casa es contrastando bloques y texturas.

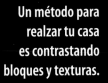

Para conseguir un aspecto sencillo y genial, usa dos tipos de bloques. Esta casa tiene bloques de piedra y madera de roble oscuro, y bloques de hojas por setos. Usa losas para pronunciar el techo.

Con bloques de arcilla teñidos, se pueden crear edificios y estructuras de colores.

- Añade detalles: chimeneas, setos hechos de bloques de hojas, charcas, fuentes y senderos. Usa losas para acentuar los techos.

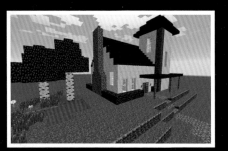

Añade chimeneas, setos y detalles paisajísticos a las casas.

- ¡Inspírate! Busca casas y estilos en Internet y en libros. ¡Construye un castillo alto con torreones, una pagoda, una casa en un árbol con caminos serpenteantes hasta la copa, una casa moderna de playa o un cuartel militar enorme!

- Olvídate de las pequeñas ventanas de 1×1. Pon ventanas del suelo al techo y tragaluces. En casas tradicionales, usa trampillas como postigos.

- Usa losas para separar el interior por plantas.

Los jugadores han ideado formas ingeniosas de usar los bloques de Minecraft para diseñar casas, muebles y adornos. El juego ya incluye algunos: cuadros, alfombras, macetas, paneles de cristales y marcos. Cuando coloques un cuadro, obtendrás uno de los 26 que hay en Minecraft al azar, con tamaños desde 1×1 hasta 4×4. El bloque donde lo cuelgues se corresponderá con la esquina inferior izquierda.

Aunque en Minecraft no hay sillas, mesas ni otros muebles, los jugadores han usado bloques del juego para crearlos. Prueba a combinar bloques con vallas, puertas de valla, carteles, bloques de escalera, losas, placas de presión, trampillas, pistones, piedras luminosas, lana teñida, cristal y botones. ¡Una escalera con dos carteles a los lados sirve de silla!

Algunas combinaciones típicas son:

- Sillas y sofás: usa bloques de escalera o losas, con carteles o trampillas como reposabrazos.

- Mesas: usa bloques de valla con placas de presión encima.

- Lámparas: bloque de valla con piedra luminosa, rodeado de trampillas.

- Chimenea: coloca infiedra en bloques ignífugos como la piedra y enciende un fuego bien caliente. (Asegúrate de que el fuego no esté a menos de 2 bloques de materiales inflamables como la madera.)

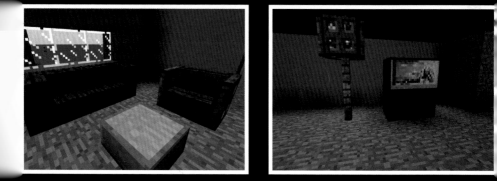

Fabrica sofás y sillas con escaleras y usa trampillas y carteles como reposabrazos. Usa una losa como mesa de centro. Puedes fabricar lámparas de pie con una valla, piedra luminosa y trampillas; y una tele, con lana negra y un cuadro.

Tintes para dar color

En Minecraft se pueden fabricar 16 tintes para teñir lana, ovejas, arcilla endurecida, armaduras de cuero y cristal. Algunos se fabrican poniendo una flor del color en la cuadrícula de fabricación: rojo (rosa), naranja, amarillo (diente de león), azul claro (orquídea), magenta (lavanda y *allium*), rosa (tulipán rosa) y gris claro (tulipán blanco, margarita y *azure bluet*). Para el verde, funde un cactus; para el lapislázuli (azul oscuro), usa la mena; y para blanco, usa polvo de hueso. Usa un saco de tinta de calamar para el negro; y semillas de cacao, para el café. Hay otras cuatro mezclas de tintes: verde lima (tinte verde y polvo de hueso), gris (polvo de hueso y saco de tinta), cian (tinte verde y lapislázuli) y morado (lapislázuli y rojo). Para crear suministros de lana teñida, tiñe una oveja. O combina tintes con cristal para obtener cristal coloreado, y con arcilla endurecida (fundiendo arcilla o en el bioma de meseta) para obtener arcilla teñida.

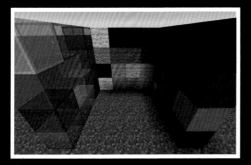

Puedes fabricar 16 tintes usando plantas y otros objetos, y sirven para teñir lana (y ovejas), cristal y arcilla endurecida.

¡Fuegos artificiales!

Crea explosiones de colores en el cielo con los fuegos artificiales. Son exclusivos de fabricación; no hay en el inventario del modo creativo. Primero, crea una estrella de fuegos artificiales de un color a partir de pólvora y tinte. Agrega un diamante en la fabricación para añadir rastros, o polvo de piedra luminosa para centelleos. La forma de esfera de la explosión puede variar. Para agrandarla, añade una carga ígnea; para darle forma de estrella, una pepita de oro. Una pluma añade un estallido y una cabeza de criatura le da forma de cabeza de *creeper*. Para terminar, combina la estrella con un papel y una carga de pólvora. Más pólvora le da mayor altura, ¡y más estrellas producen más explosiones! Enciéndelos fuera colocándolos con un clic derecho.

Crea fuegos artificiales a partir de estrellas de fuegos artificiales, pólvora y papel. Los añadidos determinan la forma, el color y los efectos especiales como los rastros, y puedes combinar varias estrellas en un solo cohete.

Si estás planeando construir un gran edificio y no te interesan las batallas, trabaja en el modo creativo. Tienes acceso a todos los bloques de Minecraft, desde lana cian hasta cabezas decorativas de criaturas. No necesitas herramientas: puedes destruir bloques con la mano o cualquier otra cosa, salvo una espada. Y se puede volar para construir en el cielo castillos voladores y granjas de criaturas altísimas. No pasarás hambre ni perderás salud al caer, así que puedes tomarte tu tiempo para crear lo que quieras.

Además, en el modo creativo:

- El inventario tiene una pantalla de búsqueda.

- Si vas a destruir un área grande de bloques, ten el mismo bloque en la mano. Así podrás rellenar huecos que no pretendías destruir.

- Puedes usar el botón central del ratón para recoger un bloque. Quedará colocado en los accesos rápidos y en tu mano.

- Los cubos vacíos permanecen vacíos y los cubos con agua y con lava permanecen llenos.

- Tienes acceso a bloques exclusivos como la esponja (decorativo) y los huevos generadores, que se colocan en el suelo para generar criaturas como ovejas o *creepers*.

- Cuando llueve, usa comandos para que se haga de día y escampe: **/weather clear 10000** detiene la lluvia durante 10 000 segundos y **/time set day** consigue que se haga de día.

Música en Minecraft

Puedes componer música afinando los bloques musicales en secuencia y activándolos con energía de *redstone*. Para aumentar el tono de un bloque, haz clic derecho en él. Un bloque musical sin modificar reproduce un fa sostenido, así que para crear sol, haz clic una vez. Cuando hayas alcanzado la nota más alta (tras ocho octavas), el bloque vuelve a la nota más baja. Puedes cambiar el tono del sonido cambiando el bloque debajo del bloque musical. La mayoría de los bloques, incluida la tierra, producen notas de piano. Los bloques de cristal hacen clics. La arena y la grava imitan toques de redoble de tambor. Los bloques de madera imitan un bajo; y los de piedra, un bombo.

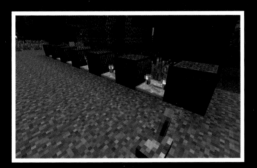

Afina y conecta los bloques musicales con repetidores y actívalos para oír la melodía.

Por ejemplo, el principio de «Estrellita, dónde estás» es sol, sol, re, re, mi, mi, re. Pon siete bloques musicales en fila con un repetidor (apuntando a la siguiente nota de la secuencia) entre cada uno. Haz clic derecho en el repetidor tres veces para retrasar la señal al máximo. Luego, afina cada una de las siete notas. Para conseguir sol, haz clic derecho una vez; re, ocho veces; y E, diez veces. Conecta el primer bloque de sol con una palanca y un cable de *redstone*. Tira de la palanca... ¡y sonará la melodía!

Música de tocadiscos

Hay un tocadiscos en Minecraft que se fabrica a partir de un diamante en medio de ocho maderas. Para buscar discos de música, tendrás que explorar, puesto que solo un par de discos se hallan en los cofres de mazmorras.

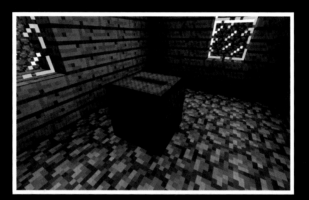

Para conseguir más discos de música, tendrás que engañar a un esqueleto para que mate a un *creeper*. Una forma consiste en hacerle daño al *creeper* primero, pero sin matarlo, con tres golpes de una espada de piedra. Así, el esqueleto puede matarlo luego con una flecha. Atrae al *creeper* hasta que se ponga entre el esqueleto y tú. Luego retrocede, manteniendo al *creeper* en medio. Otro truco es atraer primero al esqueleto hasta el extremo de una zanja y un *creeper* herido al otro.

Si logras que el esqueleto dispare al *creeper*, este soltará un disco de música.

CAPÍTULO 15

EL INFRAMUNDO

E l Inframundo es el infierno de Minecraft. No hay día, noche, flores, charcas ni aldeanos. Es un mundo oscuro iluminado por la lava y las llamas. El terreno es peligroso: hay mares de lava y precipicios mortales. El Inframundo está repleto de criaturas peligrosas: hombrecerdos zombis, *ghast* enormes armados de bombas de fuego, *blaze* giratorios y esqueletos *wither*.

El paisaje del Inframundo: pilares y mares de lava, islas de infiedra flotantes, llamas violentas y muchas criaturas hostiles.

¿Que para qué ir allí? Solo allí se hallan ciertos materiales de Minecraft. Hay piedra luminosa para fabricar lámparas de *redstone*, cuarzo para comparadores de *redstone* y sensores de luz solar, y verrugas infernales para pociones. Las criaturas del Inframundo sueltan objetos especialmente valiosos al morir. La crema de magma y las lágrimas de *ghast* sirven para hacer pociones. Las varas de *blaze* además son necesarias para llegar al Fin. Y si quieres completar todos los logros, incluido llegar al Fin, tendrás que asaltar una fortaleza del Inframundo.

Las verrugas infernales crecen al pie de las escaleras de las fortalezas.

Para entrar en el Inframundo, hay que construir un portal de al menos 10 bloques de obsidiana alrededor de un hueco vacío de tres bloques de altura y dos de anchura. Después se activa prendiendo fuego en el hueco con un encendedor o una carga ígnea.

Solo se necesitan 10 bloques de obsidiana para crear un portal, pero se pueden hacer de hasta 23 × 23.

Entra en el portal para teletransportarte. Cuando la animación acabe, sal al Inframundo. Ten cuidado: los portales pueden aparecer cerca de la lava o encima, en cornisas enanas y suspendidas, y otros lugares peligrosos. Protege los portales con un muro de roca para que las criaturas no los crucen. O mejor, crea una base de operaciones con techo alrededor de él. La roca puede resistir las bolas de fuego que disparan los *ghast*.

Equípate con al menos una armadura completa, además de pociones, armas encantadas y herramientas para sobrevivir. Necesitarás espadas, arcos, picos, mucha roca para construir puentes sobre lagos de lava, y grava y una pala para subir y bajar precipicios en columnas. También puedes llevar escaleras de mano para trepar y materiales para construir otro portal por si destruyen el tuyo. Para la minería, lleva cofres donde almacenar objetos, madera para construir una mesa de trabajo y hierro para fabricar armas y herramientas. ¡No olvides la comida!

Buscar la fortaleza

Tu prioridad mayor en el Inframundo es encontrar una fortaleza, pero cuesta ver con tan poca luz. Para ello, puedes usar una poción de visión nocturna o cambiar los ajustes de los gráficos en el menú del juego para aumentar el brillo de la pantalla y el renderizado. Busca elevaciones oscuras y llanas con muros rectos, típicos de las fortalezas del Inframundo, en lugar de precipicios dentados. Las fortalezas tienen pasillos largos y ventanales. Están situadas de norte a sur, así que una táctica es ir de este a oeste para buscarlas. Las brújulas no sirven allí, por lo que usa la pantalla de depuración con F3 para orientarte. Usa antorchas o calabazas iluminadas para marcar el camino.

A lo lejos, las fortalezas del Inframundo tienen formas oscuras y verticales.

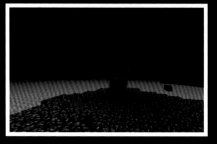

Lleva mucha roca para construir puentes sobre lava.

Cuando llegues hasta una fortaleza del Inframundo, tienes varios objetivos básicos:

- Localizar cofres y sus tesoros.

- Buscar verrugas infernales que crecen al pie de las escaleras.

- Buscar un generador de *blaze* para matar varios y conseguir las varas de *blaze* que sueltan.

Combatir criaturas del Inframundo

Blaze

Usa bolas de nieve contra ellos, puesto que cada una les hace tres puntos de daño, y ganarás tiempo para acercarte y usar la espada. Construye una pequeña barricada para protegerte, asomándote para atacarlos cuando se acerquen.

Puede ser difícil acercarse a un *blaze* y peligroso gastar tiempo recargando flechas. Lanza bolas de nieve (les hacen tres puntos de daño) mientras te acercas con la espada.

Hombrecerdos zombis

Son neutrales salvo que ataques a uno. Si es así, este y los hombrecerdos de alrededor te atacarán en masa si te ven. Evita luchar, pero si no puedes, mantén 16 bloques de distancia y dispárales con el arco. No son muy listos y un muro los puede mantener a raya. Puedes empujarlos hasta un precipicio sin provocarlos. Las crías son más rápidas que los adultos, así que son más peligrosas.

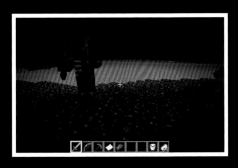

Los hombrecerdos zombis son neutrales de entrada. Pero si atacas a uno, te perseguirán en grupo.

Ghast

Puedes usar cualquier herramienta para devolver sus bolas de fuego. Puedes variar la dirección usando una flecha o una bola de nieve al golpearlas. Muévete a un lado para evitar que el *ghast* apunte bien hacia ti. Dispara flechas a los tentáculos. Una flecha de un arco encantado puede matarlos. Solo tienen 10 puntos de salud, así que si puedes acercarte a uno, puedes matarlo con un par de golpes de la espada.

Cualquier herramienta devuelve las bolas de fuego de un *ghast*.

Slimes magmáticos

Son más peligrosos que los normales. Usa un arco para matar a los grandes primero y retrocede cuando salgan los pequeños. Espera para usar la espada contra los pequeños.

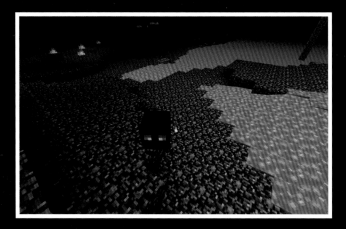

El magmático es un *slime* del Inframundo.

Esqueletos *wither*

Mantén la distancia para usar el arco. Dado que los *wither* miden más de dos bloques de altura, crea una barricada con un agujero de 2×1 para cubrirte y dispararles.

Los esqueletos *wither* miden más de dos bloques de altura, así que coloca barricadas y puertas que solo puedas cruzar tú.

- Si te pierdes, puedes crear otro portal para regresar al Mundo Principal.

- Las criaturas pueden atravesar portales y los objetos se pueden lanzar a través de ellos. Las vagonetas de almacenaje, propulsadas y vacías, y las barcas también pueden atravesarlos.

- Si te llevas verrugas infernales para cultivarlas, no olvides la arena de almas donde crecen. Suele haber cerca de la lava.

- Un método para guardar objetos del Inframundo son los cofres del Fin. Son cofres interdimensionales que permiten acceder al mismo contenido. Por tanto, puedes construir un cofre del Fin en el Inframundo para guardar lo que encuentres. Para acceder al contenido desde el Mundo Principal, solo tienes que construir otro. Se necesitan ocho bloques de obsidiana y un ojo de *enderman*.

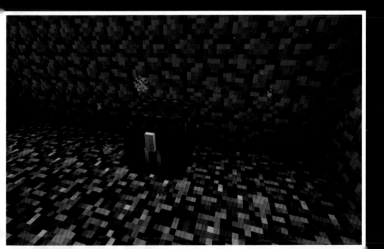

Los objetos que guardes en un cofre del Fin son accesibles desde cualquier plano cuando construyes otro cofre del Fin.

- Lleva manzanas doradas encantadas y sin encantar. Ambas te servirán para curarte y las encantadas también otorgan resistencia al fuego.

- Dado que es fácil morir en el Inframundo, no lleves objetos de valor.

- Los mapas pueden servirte en el Inframundo. Aunque no señalan nada, muestran tu posición respecto al centro del mapa, que es el primer punto donde lo usaste. Así que si comienzas un mapa al entrar en el Inframundo, podrás guiarte de vuelta.

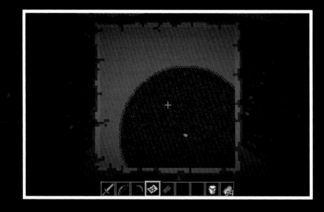

Un mapa del Inframundo solo muestra el techo de piedra base, pero también tu posición respecto al centro del mapa.

- Intenta matar *ghast* en tierra para conseguir sus lágrimas.

- No lleves agua ni camas. El agua se evaporará, y cuando intentes dormir en una cama, esta explotará.

- Puedes usar una caña de pescar para atrapar un *ghast*, acercarlo a tierra y atacarlo con la espada.

Sabiendo que andar un bloque en el Inframundo cuenta como andar ocho en el Mundo Principal, puedes crear una red de portales en el Inframundo para recorrer grandes distancias en el Mundo Principal. La forma más segura de hacerlo es crear los portales conectados a mano. Primero, crea el portal del Mundo Principal en las coordenadas X, Y y Z. Luego, viaja al Inframundo y crea un portal allí que te lleve de vuelta a donde construiste el primer portal del Mundo Principal. Hazlo ayudándote de las coordenadas X/8 (el valor de X dividido por 8), Y y Z. El eje de la altura, Y, es una aproximación entre los mapas del Mundo Principal y el Inframundo. Quizá tengas que cavar en la infiedra, o crear puentes sobre la lava o una plataforma para tener donde construir el portal. En el Inframundo, puedes crear caminos, escaleras y puentes entre los portales del Inframundo, y poner carteles para señalar adónde lleva cada uno. Esto no siempre funciona según lo planeado y un portal podría acabar en una zona diferente de lo esperado. Puede que tengas que ir probando.

Más consejos sobre portales

- En el modo supervivencia, el teletransporte tarda unos cuatro segundos en completarse. Mientras tanto, puedes cambiar de opinión y salir al Mundo Principal.

- Si creas un segundo portal cerca de otro en el Mundo Principal (a menos de 1,024 bloques), el segundo te teletransportará al mismo portal del Inframundo que el primero. En el Inframundo, la distancia de separación es de 128 bloques.

- Puedes crear un portal sin necesidad de tener un pico de diamante para extraer la obsidiana. En lugar de eso, créala formando cataratas contra un muro y derrama un cubo de lava sobre los bloques donde debería ir el marco de obsidiana.

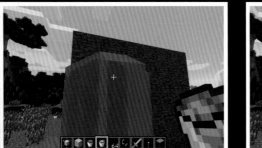

Puedes crear un portal formando cataratas y derramando lava en los bloques donde debería ir la obsidiana.

Aunque Minecraft es un juego libre diseñado para explorar y jugar hasta el infinito, tiene un modo «campaña» que incluye un logro llamado «el Fin». Para terminar el juego y ganar, tienes que llegar al Fin, sí. Es un plano especial, como el Inframundo. Es una isla que flota en la nada, donde viven *enderman* y el dragón del Fin. Una vez allí, tu tarea consiste en derrotar al dragón, que es extremadamente complicado. Si lo derrotas, aparecerán los créditos junto con un poema titulado «El Fin».

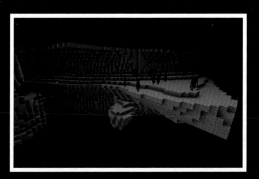

El Fin es una isla que flota en la nada, donde viven *enderman* y el dragón del Fin.

Ojos de *enderman*

Para llegar al final y derrotar al dragón, necesitas ojos de *enderman*. Sirven para encontrar portales del Fin que te conducen hasta allí. Estos portales se hallan en estructuras subterráneas llamadas baluartes. Sin embargo, están rotos y para repararlos necesitarás hasta unos 12 ojos de *enderman* más. Los valiosos ojos de *enderman* se fabrican mezclando polvo de *blaze* con perlas de *enderman*, o puedes comprarlos a los sacerdotes de las aldeas. Para buscar un portal del Fin, lanza el ojo de *enderman* al aire. Hazlo en una zona donde haya buena vista. Si estás lejos del portal del Fin, el ojo saldrá volando en la dirección del portal y caerá para que puedas volver a recogerlo. Repítelo hasta que el ojo de *enderman* caiga al suelo justo delante de ti. (Puede que necesites tres o cuatro ojos para completar la tarea.) Esto indica que el portal del Fin está debajo de ti. Cuando caves, crea una escalera de caracol o una escalera de pozo para no alejarte demasiado de la posición.

Lanza un ojo de *enderman* y síguelo para encontrar un baluarte.

El portal del Fin

El portal del Fin está dentro de una sala y encima de un charco de lava. También hay un generador de lepismas que tendrás que destruir, además de los propios lepismas. No destruyas ninguno de los bloques del portal porque no podrás reemplazarlos. Acércate y pon ojos de *enderman* en los bloques del portal que tienen huecos. Cuando hayas colocado todos, el portal se activará.

En la sala del portal de un baluarte, hay un portal roto sobre un charco de lava y un generador de lepismas.

Arréglalo y actívalo colocando ojos de *enderman*.

Baluartes

Los baluartes son lugares bastante interesantes que deberías buscar aunque no persigas al dragón del Fin. Cada mundo de Minecraft que creas tiene un máximo de tres baluartes, generalmente a una distancia de entre 640 y 1,152 bloques de las coordenadas 0, 0, 0 (X, Y y Z). Son salas parecidas a una mazmorra que forman un laberinto. Además de la sala del portal del Fin, hay salas con fuentes, bibliotecas con libreros y almacenes con cofres. Pero ten cuidado al cavar en las paredes porque podrían salir lepismas agresivos.

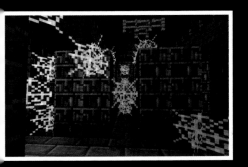

Los baluartes son un laberinto de salas, entre bibliotecas, almacenes con cofres y

Prepararse para el Fin

La única forma de volver del Fin es ganar, o morir y reaparecer. Puesto que quizá necesites varios intentos para matar al dragón del Fin, establece una base en el baluarte y duerme en una cama para que, si te matan, nazcas allí. De esta forma, tendrás lo necesario (mesas de trabajo, hornos, hierro, madera, etc.) para volver al Fin. Quizá quieras ir de exploración al Fin, sondearlo y planear lo necesario primero. Luego, morir para regresar al nuevo punto de nacimiento en la sala del portal del Fin.

Necesitarás llevarte diamantes y, si es posible, armaduras y armas encantadas. Lleva al menos dos pilas de flechas si no tienes el encantamiento *Infinidad*. Usa el encantamiento *Afilado* para la espada y *Caída de pluma* para las botas. Lleva una calabaza y un casco, grava y una pala para subir en columnas (o escalera), y un pico para cavar. Lleva una pila de obsidiana para construir puentes que el dragón no pueda destruir.

El Fin

El Fin es una pequeña isla con pilares de obsidianas, hordas de *endermen* y el enorme dragón del Fin. Aparecerás en una cornisa de obsidiana y esta puede estar alejada de la isla del dragón. Quizá tengas que construir o cavar un camino hasta ella.

Derrotar al dragón

El dragón es una criatura jefe muy poderosa que puede quitarte la mitad de tu salud de un golpe. Es una criatura jefe porque está diseñada para realizar acciones y reacciones más complejas de lo normal. Cuando esté cerca de ti, verás su barra de salud.

Puedes ponerte una calabaza para no mirar a los *endermen* sin querer y provocarlos. Después busca cristales del Fin en las torres. Estos ayudan a que el dragón se cure rápido y hay que destruirlos. Usa un arco con flechas para ello porque los cristales explotan tras destruirlos. Quizá tengas que construir una columna con la altura suficiente para destruir algunos. Mantente a una distancia o usa una armadura de diamante encantada.

Los cristales en lo alto de las columnas de obsidiana recuperan la salud del dragón. Para derrotarlo, hay que destruir los cristales primero.

Para matar al dragón, espera hasta que vuele hacia ti y apunta a la cabeza con una flecha. Así se consigue el daño máximo. Con la calabaza puesta, solo tendrás que preocuparte del dragón. Puede que tardes un poco en llegar a matarlo, así que ten bastantes flechas. Cuando el dragón muere, explota. Debajo de él hay un portal de salida con un huevo de dragón encima. Crúzalo para ver los créditos del final y un poema, ¡y volverás al último punto de nacimiento del Mundo Principal!

Dispara a la cabeza del dragón para causar el daño máximo.

Más consejos sobre el Fin

- Si no quieres ponerte una calabaza para evitar a los *endermen*, construye un ejército de gólems de hierro para que te ayuden a matarlos.

- Cuando golpees al dragón y le hagas daño, se alejará volando un poco. Puedes aprovechar para reagruparte o huir a alguna parte.

- El dragón del Fin puede romper la roca, así que lleva obsidiana para construir refugios y puentes.

- El huevo de dragón no hace nada, pero es un trofeo. No obstante, es difícil de conseguir. Un método es hacer clic en él con una herramienta para que se teletransporte a unos bloques de distancia. Luego, cava un bloque a dos espacios por debajo y coloca una antorcha en tal hueco. Elimina el bloque de arriba para que el huevo caiga y se pueda recoger. Para que no se teletransporte al portal de salida, tapa este con bloques temporalmente.

- Puedes teletransportarte con una perla de *enderman*, pero te costará cinco puntos de daño. Lánzala haciendo clic derecho y te teletransportarás a donde aterrice.

Más allá del Fin

¡En el Fin no se acaba el juego! Hay un último enemigo que puedes derrotar: el *wither*. Además, hay infinidad de modalidades que probar, mundos que visitar, mapas que explorar y máquinas que construir. La gran comunidad de mineros ofrece sugerencias y consejos sobre otras maneras de jugar y pasarlo en grande.

Crea y destruye al *wither*

El *wither* es una criatura jefe de tres cabezas que solo puede crear el jugador. Para conseguir el logro, primero debes matar al dragón del Fin. Para construir un *wither*, hay que apilar arena de almas en forma de T, como en los gólems. Luego, se ponen tres calaveras de esqueleto *wither* encima. Cuando aparezca el *wither*, brillará, gruñirá y creará una gran explosión. Huye en cuanto lo crees para evitar recibir daño o morir. Necesitarás una armadura de diamante encantada y armas, además de pociones. Para luchar contra él, dispara flechas acercándote, bebe una poción de fuerza y usa una espada de diamante encantada para matarlo de cerca.

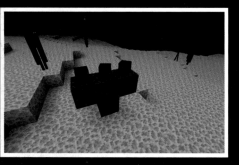

Tras crear a un *wither*, este brillará y explotará antes de hacerse grande.

Una táctica que usan algunos jugadores para derrotar al *wither* es crear una sala pequeña en lo alto del Inframundo, con la piedra base como techo. Ahí puedes crear el *wither* sobre un pistón y activarlo para que las cabezas toquen el techo. Cuando el *wither* haya explotado, seguirá atrapado en la piedra base y podrás matarlo con la espada. Puesto que el *wither* hace mucho daño lanzando calaveras explosivas, quizá quieras luchar en el Fin; tras haber matado al dragón, claro.

Los faros son bloques con columnas de luz que se alimentan de energía y dan poderes especiales. Para construir uno, necesitas una estrella del Inframundo, que suelta el *wither* al morir. Por tanto, es uno de los bloques más especiales de Minecraft. Hay que construirlo sobre una pirámide de bloques de hierro, oro, esmeralda o diamante (no menas). La base más pequeña (nivel 1) es de 3 × 3, y la mayor es una pirámide de 9 × 9 (nivel 4).

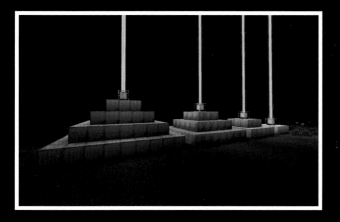

Hay cuatro tamaños de faros que puedes crear, usando bloques de oro, esmeralda, hierro y diamante. Los faros más grandes tienen efectos más potentes.

Los faros son ideales para señalizar desde lejos. Son incluso mejores: puedes añadir un lingote de hierro u oro, o una esmeralda o un diamante para obtener poderes especiales. Algunos son iguales a los efectos de las pociones. Estos poderes son prisa, velocidad, salto elevado, fuerza, resistencia y regeneración. Solo te afectan a ti si estás a cierta distancia del faro: a menos de 20 bloques para un faro de nivel 1, y hasta 50 para uno de nivel 4. Cada nivel ofrece poderes más potentes. Los faros de nivel 1 solo ofrecen velocidad y prisa, mientras que los de nivel 4 te dan dos poderes a la vez. Cuando construyas uno, haz clic derecho en él para abrir la pantalla de activación, añade el hierro, el oro, la esmeralda o el diamante y activa sus poderes.

¡Aun quedan cosas por hacer! Si bien puedes jugar sin límite en el modo de un jugador, también puedes jugar en mapas creados por otros jugadores y probar el multijugador de Minecraft. Para ello, tendrás que acceder a un servidor o hacer de anfitrión con tu red doméstica. Esto supone ciertos riesgos y requisitos. Lo mejor es que un amigo o un padre con experiencia te enseñen cómo funciona, en cualquiera de los dos casos. En el multijugador, puedes conversar con otros jugadores y formar grupos para construir ciudades, casas y castillos de impresión, o limitarte a sobrevivir. Puedes crear un mundo multijugador fácilmente a través de los *realms* de Minecraft. Es un servicio de Mojang que permite crear un mundo en Internet y compartirlo con otros jugadores, a cambio de una mensualidad.

También puedes jugar en mapas especiales creados por otros jugadores para poner a prueba tus habilidades. Muchos mapas se pueden jugar en el modo de un jugador. Algunos utilizan *mods* (aplicaciones modificadoras) del juego. Asegúrate de tener la misma versión del juego que usa el mapa, así como los *mods* necesarios.

Hay varios tipos de mapas para jugar. En los de aventura, debes cumplir una misión; y en los de supervivencia, debes demostrar tus habilidades de combate y subsistencia. También los hay de rompecabezas, en los que debes resolver los de lógica; y de *parkour*. Estos últimos contienen desafíos de agilidad y salto de plataformas, pilares y cornisas. También hay mapas creativos con edificios originales e increíbles para que los disfrutes. ¡Cuando hayas probado unos cuantos, quizá te animes a hacer el tuyo!

Precaución
Es muy fácil estropear tu versión de Minecraft —incluso tu computadora— cuando descargas e instalas archivos no oficiales

como los *mods* y los mapas, así que es mejor que alguien con experiencia lea las instrucciones y te ayude, haga copias de seguridad de tus partidas, y te ayude a reinstalar el juego si hubiera algún problema.